民国大事件丛书

袁氏称帝始末

王忠和●著

长江出版传媒
湖北人民出版社

图书在版编目(CIP)数据

袁氏称帝始末/王忠和著.
武汉：湖北人民出版社，2014.4
ISBN 978－7－216－07957－0
（民国大事件丛书）
Ⅰ.袁… Ⅱ.王… Ⅲ.洪宪帝制—史料
Ⅳ.K258.306
中国版本图书馆CIP数据核字(2013)第301511号

出 品 人：袁定坤
责任部门：基础教育分社
责任编辑：刘 玉
封面设计：董 昀
责任校对：游润华
责任印制：杜义平
法律顾问：王在刚

出版发行:湖北人民出版社	**地址**:武汉市雄楚大道268号
印刷:湖北恒泰印务有限公司	**邮编**:430070
开本:720毫米×1000毫米1/16	**印张**:13.25
字数:193千字	**插页**:1
版次:2014年4月第1版	**印次**:2014年4月第1次印刷
书号:ISBN 978－7－216－07957－0	**定价**:26.00元

本社网址：http://www.hbpp.com.cn
本社旗舰店：http://hbrmcbs.tmall.com.
读者服务部电话：027-87679656
投诉举报电话：027-87679757
（图书如出现印装质量问题，由本社负责调换）

目录

第一章

帝制逆风突起

一　帝制重提

1 正阳门的重修

1915 年 6 月 16 日，北京正阳门改造工程正式开工。内务总长朱启钤冒雨来到工地，主持了开工典礼，手持袁世凯以大总统名义颁发的特制银镐，刨下第一块城砖。这把银镐重约 30 两，红木手柄上嵌有银箍，上刻着“内务总长朱启钤奉大总统命令修改正阳门，爰于 1915 年 6 月 16 日用此器拆去旧城第一砖，俾交通永便”字样。

当时观礼的不但有政府各部官员、绅商耆宿，还有许多市井小民也跑来看热闹。人们纷纷议论着：

“大总统不会做皇帝的！”

“看来恢复帝制都是胡说八道。”

内务总长朱启钤

"民国都实行四年了，怎么会改行帝制呢？"

"上面比咱们明白，安心做我们的民国百姓吧！"

改造一个城门怎么会和帝制联系起来呢？原来这里面还有一段传说。

这正阳门是京都内城的正门——俗称前门，其南面还有一个箭楼，城门和箭楼之间有瓮城相连，是藏兵、防守的必需之地。前门以南的通衢大道即前门大街，此地人口稠密，茶肆酒楼，栉比鳞次，商家店铺，戏馆青楼，均汇于此。然而，内、外城的通道只有前门与箭楼的门洞一途，而且，正阳门中间的大门专供皇帝使用，除非遇到大事，例如皇帝的灵柩通过之时，平常是不开的。人们平时都是从两边的掖门，即瓮城两侧的门洞出入。瓮城外侧就是东、西荷包巷。商人、摊贩们在此摆摊设肆很是拥挤，经常造成车辆壅塞。庚子年，荷包巷被焚毁，尽成灰烬，一直没有修复。《辛丑条约》签订后，京奉、京汉铁路修到箭楼两侧，分别设立车站于此，使本来已经十分拥挤的交通，更加不堪重负。

民国成立以来，屡有人建议改建前门，以疏导交通，却迟迟未能动工。

市井间谣传说，据堪舆家言，北京的九门是绝不可改动的，否则将会破坏首善之区的"王气"。还说庚子年八国联军曾在正阳门和崇文门之间开了一"水关门"，结果只过了一纪（十二年），辛亥革命起，清祚永绝矣。正阳门更是北京的脸面，若是改建前门将不利坐龙庭的帝王。当时正是社会上风传袁世凯欲改元洪宪，帝制自为，闹得人心惶惶之时，所以那时大家都关注着前门是否改建，因为这关系着帝制是否实行。

在此之后不久，报纸上登载了大总统袁世凯和江苏督军冯国璋的谈话。

冯于1915年6月22日，偕同梁启超，借着进京觐见总统述职的机会来到北京。冯一连三次谒见袁世凯，每次袁都同他共进午餐。在热情招待老部下的时候，袁的内心喜悦表现在脸上，酒酣耳热之际，袁世凯笑着说："你们二位此行的目的，我知道得很清楚。是劝我不要做皇帝，是吧？"接着，他把话锋一转又说："我请问二位，我要是做皇帝的话，是做一代就绝种的皇帝呢，还是做传至千秋万代的皇帝呢？"冯、梁二人一时惊得说不出话来。袁又自问自答说："我并不是蠢人，当然是希望做万代天子。"说完，他长叹一声："我有十七个儿子，现在就可以把他们都叫出来，站在你们面前。任公，你最有识人之贤，你来替我选一个可以继承皇位的出来。等你选出来，我再决定称帝也不迟。不过，也只可做两代皇帝。"梁启超顿时觉得他花了一天一夜准备说服总统的工夫全都白费了。

冯国璋还不死心，他说："外间既然有这么多的传闻，其实，以总统的地位、勋业来说，全国无人可比。这时候，真的做进一步的计划，也不是不可行。"

袁回答说："华甫，你是我多年的老弟兄，怎么会不知道我的心事，还说这话？不过，辛亥革命成功得过于容易，很快实行了共和政体。三年多来，党人到处捣乱，使国民不能安居乐业，所以就人心趋向来说，共和并不适合中国。我也想听听大家的意见。华甫，你怎么看这个事情？"

冯说："如果国体变更的话，总统认为谁来主持这个国家合适呢？"

袁答："依我看，最好还是还政于清。"

冯说："现在人心已去，怎么能还政于清呢？"

袁说："那么找一个明朝的后人，姓朱的来主持怎样？"

冯说："明朝的后人，现在放在那里有一个，就是延恩侯朱煜勋。我是做过正白旗汉军副都统的，朱是正白旗的人，和他见过几次面。他那个样子怎么行呢？"

袁又说："那就仿照梵蒂冈教皇的办法，让孔燕庭（孔子74代孙孔令贻字燕庭）主持。"

冯笑着说："在我们中国，那怎么办得到呢？按我的意见，就请总统正大位，岂不最好？"

袁于是向他讲了一番自己的肺腑之言："华甫，你说今天总统的权力和责任，跟皇帝有什么两样？一个人当皇帝，无非是为了子孙。拿我来说，老大是瘸子，老二以名士自居，老三是疯子，其他的都还小，怎么能把国家交给他们？再说，历史上的帝王之家没有有好下场的，我为什么要这样做？"

冯插言道："可是到了天与人归，黄袍加身的时候，想推怕也推不掉了。"

袁又说："我决不干这种傻事。我有一个儿子在伦敦读书，我已叫他在那里置了一点产业，如果再有人逼迫我，我就到伦敦去，再也不问国事了。"

袁、冯之间的这个谈话通过梁启超在上海办的报纸上发表后，再证诸正阳门的改建，顿时有关帝制的传闻平寂了下来。

可是溯本求源，这帝制的传闻是怎么起来的呢？

2 帝制谬说

早在辛亥年(1911)袁世凯出任清朝内阁总理大臣的时候，就有人向他劝进，如张一麐、段芝贵就主张由他取清廷而代之。段芝贵乃势利小人，其话可不必当真，但是张一麐却是有思想、有担当的人，他自然是从全国形势出发考虑问题的。1913 年 2 月 28 日，北京《国风报》登载了冯国璋、倪嗣冲的劝进密电。倪嗣冲纯属武夫，冯国璋却是有头脑的，电报中有这样的话："孙黄失势，已入英雄彀中。黎段倾心，可寄将军于阃外。"虽然后来当事人辟谣，但秋风萍末，终归事出有因。

袁世凯权衡内外情势，没敢贸然行动。对于帝制，袁最担心的有三件事：

(1)北洋旧部是否真的诚心推戴。

(2)列强各国是否支持。

(3)财政能否允许他做此打算。

壬子年(1912)，民国刚刚成立时，国民党内有些远识之士已有所警觉，认为将来仍有实行帝制的危险。蔡元培曾从柏林打电报回国说，他怀疑袁氏将会找机会称帝。但于事无据，所以没有引起人们的重视。

袁世凯知道，中国刚刚推翻了满清的皇朝，自己要想再坐到皇帝的宝座上面，不是一件容易的事情。所以，对帝制讳莫如深。1913 年 3 月，一个叫裘平治的湖北商人纠集了 17 个人，上书袁世凯，呈请“暂改帝国立宪，缓图共和”。不过，这些商人没有说清楚，所谓的帝国是清帝国呢，还是袁帝国？袁也不好妄加揣测，只好故作姿态，声称“共和为最良之国体……本大总统受国民付托之重，就职宣誓，深愿竭其能力发扬共和之精神，涤荡专制之瑕秽，永不使帝制再现于中国，皇天后土实鉴此言”。并令湖北民政长对裘等人“严行查拿，按律惩治”。湖北民政长深谙为官之道，明白这叫“打是疼来，骂是爱”，自然不会去认真惩治。这位商人更懂得“一本万利”的经商之道，干脆到北京自首。

1913—1914 年间，京城忽然流行一种说法：“共和制度不适合中国的国情，瞧这两年国内乱纷纷的样子，非改弦易辙不足以拯救中国。”追根寻底，此说原来出自袁大总统，袁世凯不止一次在各种场合谈论说，中国国民程度远不如欧美，共和制度并不适合中国的国情。证诸当时的实际政情，这种说法并非完全没有道理，民国以来战乱频仍，地方越来越不服从中央，大多数的人对共和制缺乏信心，从而宁愿相信帝制。

当时的前清遗老一直是以恢复旧主为宿志的，闻听此言，正合他们的心思。

1914 年秋天，清末的吴桥县令劳乃宣忽然把一篇名为《共和解》的文章送到北京。这位劳乃宣也并非籍籍无名之辈，庚子年间，时为吴桥县令的他就曾考证过，义和团是源于白莲教的支派。在《共和解》一文中，他引经据典，旁征博引地说明，所谓“共和”最早出现于东周成王时代，是公卿“和”而“共”治，是君主政体而非民主政体。其后又写了《续共和解》一文，文中建议袁暂时替清廷摄政，将来还政于清，可以保持禄位永久。袁世凯知道了劳的大作后，没有表示意见，只是请他到北京做参政。善于揣摩的屑小之徒似乎听出了弦外之音，一时间，鼓吹复辟成了南山捷径。民国三年被人称为“复辟年”。

袁不愿意明确地禁止帝制言论，是怕阻断人们恢复帝制的热情。其实他并不反对帝制，但是要弄清楚是哪家的帝制。

可是其中也有愚笨者会错了极峰的意思，如王闿运的高足，国史馆编修宋育仁，竟上书请求“还政于清室”，王闿运也在上面列名。此说遭到舆论的一致反对。肃政史夏寿康提出“检举复辟谬说案”，宋育仁于11月17日被步军统领衙门拘捕。于是，京师之地又掀起一场“检举复辟”的运动。在济南等着换车进京的劳乃宣闻知，吓得又掉头跑回青岛。当然，明白事理的人都反对从共和国倒退回封建皇朝。袁世凯在此纷纭的形势下，不得不表个态，于是在1914年11月23日，下令“严禁紊乱国体邪说”。还特别提到要查办宋育仁。最后给宋育仁作出“议论荒谬，精神瞀乱，应遣回籍，发交地方官察看”的结论。袁世凯把其中最后一句改为“劝回原籍修养”，并赠送程仪三千元。11月30日，宋育仁坐着马车，被簇拥着离开北京。当宋老先生来到汉口时，湖北都督段芝贵用四人大轿把他接了去。

在一次政事堂会议上，谈及当时北京的复辟言论，袁世凯发表了一番高见：“宣统皇帝是满族人，可满人业已让位。果需要一个皇帝的话，自然属于汉人。清朝政权得自明朝，应该找个姓朱的，最好是洪武的后人，实在找不到，朱启钤总长也可以做。”此乃袁第一次谈及帝制的问题。

宋育仁离开北京后，北京的鼓吹复辟之风为之顿减。一些前清遗老纷纷出京，以避免复辟派的嫌疑。紧接着，1915年上半年，日本提出《二十一条》要求，帝制风潮暂时停歇下来。但是当这股外交交涉告一段落后，从6月中旬起，又把这断了的曲子重新奏响，而且调门比以前更高、更响。

但是，这股复辟的谬论也并非空穴来风，毫无缘由地自己冒出来的，而完全是这几年政坛上的气氛所烘托出来的。

二　浓重的复古气氛

被称为“复辟年”的1914年，自上而下刮起一股复古风。

1914年5月1日，《新约法》公布，国务院撤销，改为政事堂，令徐世昌为政事堂首脑，称国务卿。其实国务卿是美国国务秘书(Secretary of State)一职的日文翻译，而且美国的国务卿只负责外交事务，和内阁总理根本风马牛不相及。但袁对“卿”这个字眼很有兴趣，起码有些皇帝臣子的味道，于是便安置了这样一个不伦不类的官衔。政事堂下设六个局，即机要局、主计局、铨叙局、法制局、印铸局和司务局；并设左右丞，杨士琦为左丞，钱能训为右丞。

政事堂组成为：

外交　孙宝琦（后改陆征祥）

内务　朱启钤

财政　周自齐（后改周学熙）

陆军　段祺瑞（后改王士珍）

海军　刘冠雄

司法　章宗祥

教育　汤化龙（后改张一麐）

农商　张謇（后改周自齐）

交通　梁敦彦

政事堂的职权为：

（1）国务卿有参与军事之权，得列席军事会议。

（2）对外公事均以政事堂名义发布。

（3）国务卿在政事堂范围可发布堂谕。

（4）国务卿可以召集各部总长在政事堂会议。

如此看来，政事堂的职权远大于国务院，倒像是清廷的军机处。政事堂设在原来袁办公的遐瞩楼，袁则搬到同在一个院子里面的春藕斋，这样一来，政事堂真的成了过去乾清宫里的军机处了。徐在政事堂的门前挂上一副楹联，曰：“天视民视，天听民听；人溺己溺，人饥己饥。”好像顺天应时，为人民代表的样子。徐世昌自承国务卿的事务烦杂，不下于军机大臣。各部总长对国务卿实为从属——当时还规定，外交、内务、交通、财政、陆军五总长，每天必须由国务卿率领谒见袁总统，颇类似原来的领班军机大臣。

政事堂参酌前清制度厘定官制，文官分为卿、大夫、士三等，每等又分上、中、下三级，官是终身，职可变动。一般总长授中卿，次长授上大夫。民间也掀起复古风，如民间婚丧礼都有定制，礼服分为甲、乙两种；又有郊天礼、祭孔礼等。官员还有冕旒玄冠的祭服。

袁世凯请徐世昌出山自有他的深意，因为徐在前清时代官居显位，袁请他出来无异是一种象征。果然，徐世昌当上国务卿后，京城出现了一片复古的气象。

徐世昌任国务卿后，第一件事便是命令全国文职官员在呈交履历时，要注明在清朝时的旧官衔。1914 年端午节时，徐身着补服，头戴红顶花翎，以大清“太傅”的身份参加了溥仪设在故宫的节宴，并向溥仪行叩拜礼。徐进一步还要恢复旧时的官名，5 月份，政府改各省民政长为巡按使，观察使为道尹。中央政府机关也都改换了名称，如秘书厅改称内史，又成立肃政厅负责弹劾、平政院负责审理等。甚至连人际间的称呼也恢复了过去的习惯，“大人”、“老爷”重现官场。“上有所好，下必效焉”，中央政府这样干，地方官员更加过分，乘坐绿呢大轿，鸣锣开道，前呼后拥，全副仪仗执事都摆了出来。

各地一些留恋过去辉煌的军头们，也都加入这场复古的合唱中。倪嗣冲竟然呈请裁撤全国各级司法机关，改由行政官问案。1914 年 4 月 5 日，袁以大总统命令撤除县级司法机关。于是县太爷又坐堂问案，下火签捉人，竹板子打屁股。其他的，有要求恢复科举制度的，有要求恢复谥法制度的，有要求恢复官员仪仗的，甚至还有要恢复留辫子的，奇奇怪怪，不一而足。更为荒唐的是，官场上又时兴开了“端茶送客”的规矩。总之，除了没有恢复皇帝之外，清朝所有的官场规矩几乎都复活了。

6 月 30 日，各省都督改称将军。7 月 28 日，袁公布了文官官秩令，把“官”和“职”分开。官分为九等，即卿、大夫、士三级，每级里面又有上、中、下三等——又恢复了自魏晋以降延续下来的九品官人法。徐世昌被封为唯一的上卿，赵尔巽、李经羲、梁敦彦为中卿加上卿衔，杨士琦、孙宝琦、熊希龄等人封为中卿。虽然官、职分开，使贤者在位，能者在职，但这毕竟是君主时代的遗则，使国人不免有回到过去的感觉。

武职官员则改为上将军、将军、左右将军等。

袁世凯还仿照皇帝的用玺制度，将国玺分为国玺、封策之玺和荣典之玺，分别用于外交、封策和授勋。袁还曾指使溥伦与废清室联系，劝说皇室交出大清玉玺。溥伦已经花钱收买好了内务府官员，请他们予以方便。但拿到玉玺之后，才发现清朝的玉玺是满汉文合璧的，只好又送了回去。

袁世凯还仿效皇帝，到天坛“祭天”。1914 年 12 月 23 日冬至那天，自新华门至天坛的沿途马路一律黄土铺路，警察挨户通知沿途住户不准留宿亲友。袁头戴爵弁，身穿十二团龙的大礼服，乘坐朱漆金轮马车来至天坛，由大总统武官长荫昌和侍从长陆锦左右扶持行礼如仪。祭天典礼是政治会议所决定的，虽然宣称此举的目的是“为了挽救辛亥革命以来的道德没落”，但谁都知道，祭天这是只有号称“天子”的皇帝才具有的特权，而且政府规定的祭祀礼服衣冠和历代皇朝的几乎一样，帝制的意味越来越明显了。

其实，这浓重的帝制气氛也是前几年的政治举措的延续而已。

三　扫清道路

1 二次革命的前因后果

自民国成立始终存在着一个中央集权和地方分权的斗争。

孙中山让出大总统一职，南北似乎统一了，实际这只是表面现象。首先，各省都由地方军头把持，把应该上缴中央的税收全部劫持扣留。袁政府既不能动武，下文件也不管用，政府只好靠借款维持。而在国民党占多数的国会中，却又极力反对借外债。

地方政府中，南方诸省大部在国民党控制之下，其实力较为强大者为胡汉民之广东、李烈钧之江西和柏文蔚之安徽；其他如谭延闿之湖南、胡景翼之四川实力也都不可小觑。江西都督李烈钧力主地方的独立性，以造成一个“新江西”。1912 年 12 月 26 日，袁世凯任命汪瑞闿为江西民政长，以贯彻军民分治的原则。但受到省议会和军政两界的抵制而不得入。1913年1月7日，汪无可奈何地电告袁世凯，说江西省“目无法纪，藐视中央。李（烈钧）身为都督，即非主动，亦近纵容”。袁大为恼火，发表通电叱责李云：“此等破坏大局弊端一开，后患无穷，何堪设想？我做总统一日，绝不能一日不谋统一。若李督不悔艾，我亦不能长此敷衍。”在袁的鼓励下，江西籍议员李国珍在国会上弹劾李烈钧，云、川、桂、黔各省的都督蔡锷、胡景翼、陆荣廷、唐继尧都通电谴责李烈钧“阴谋割据”。

造成地方、中央矛盾的另一个因素是购军械的问题。临时政府刚成立时，为维护地方治安，曾鼓励地方购械。袁世凯当政以后，于1912年4月25日以陆军部名义下令取缔地方购械。1913年2月2日，江西从日本购买的一批军械抵达九江，被陆军部扣留，并派军舰在九江附近游弋示威。共和党也指责是国民党在幕后操纵江西事态，于是战云密布，渐有一触即发之势。

恰在此时发生了3月20日的宋教仁被刺案；还有，4月份袁政府不通过国会，即与五国银行团秘密签订了两千五百万英镑的“善后大借款”，这都成了战争爆发的导火索。于是，李烈钧首先在江西湖口树起讨袁之旗，南方的粤赣皖三省宣布独立，黄兴亲至南京挟持程德全宣布独立，二次革命爆发。

袁世凯正想以武力讨平南方，遂命龙济光平粤，汤芗铭攻湘，李纯收赣，倪嗣冲克皖，张勋取苏。在北洋军的绝对优势下，9月1日南京失陷，孙、黄流亡海外，二次革命以国民党的失败而告终。未几，又令郑汝成将陈其美逐出上海，陈宧代替胡景翼督川，李厚基代孙道仁督闽。至此，除北方诸省本是袁的人马，南方各地也被袁氏收入囊中。故就当时大势而论，袁世凯真正在中国完成了统一，若是他没有后来帝制自为的一步臭棋，终身总统自是当然。

2 正式总统和总统制

二次革命后，袁世凯对待国民党和国民党议员表现了宽大的态度，因为此时，他还是临时大总统，而正式大总统须由国会选举，国民党是国会的多数，没有国民党的参加，开不成国会，也就无从选举大总统了。

早在二次革命前，对于选举总统和制定宪法问题，国会中就有两派不同的意见，即先制宪后选举和先选举后制宪的争论。二次革命后，袁的势力占了绝对优势，天平自然倒向了后者。于是国会成立“宪法起草委员会”，并召开宪法会议，草拟了一个作为宪法一部分的“总统选举法”，于1913年10月4日公布实施。两天之后，国会就根据选举法选举总统了。在没有竞争对手的情况下，袁世凯顺利当选为中华民国正式大总统，10日宣誓就任。

1913年5月3日，时为哥伦比亚大学法学院院长，被誉为世界政治学和行政学权威的古德诺（Frank J. Goodnow,1859—1939）由美国卡内基和平基金会（Carnegie Endowment for International Peace）介绍，来到北京，被聘为中国政府的法学顾问，应袁世凯之邀，帮助制定中国宪法。古德诺是法律专家，所以对他来说，这并不是件难事。很快宪法草案制定出来，关于总统部分，其要点是：

总统由国会选出，任期六年。

总统有权任命政府官员、各省省长。

国会由两院组成，提出法案后，须经总统签署颁布，总统有否决权。

总统可以颁布法令，但须经国会通过。国会可以撤销法令，而无须总统同意。

国会议员可以担任行政职务。

国家预算由总统提出，国会对预算不能有任何决议。

国会可以弹劾总统。

宪法的修订必须经过总统，以及三分之二的议员。

这是仿照美国的总统制而制定的宪法草案，但总统的权力要比美国总统大得多。当6月底古德诺把宪法草案交给袁的时候，他正在忙于对付南方，无暇顾及此事，遂搁置了起来。不过即使他看了，也不会满意这个宪法草案的。

关于由谁制定宪法，也是民国开国以来一个备受争论的问题。以国民党为多数的国会自然认为制法权属于国会，梁启超却认为，国会人多，意见不一，保密性差，不宜担任制法工作，而应该另外成立一专门组织制定宪法。这个意见受到拥袁派的赞成。1913年4月，新国会开幕，主张由国会制定宪法的国民党一派获胜，当即成立“宪法起草委员会”，负责制定宪法。当年6月，袁政府约集另外一些人成立“宪法研究会”，显然是与前者对抗的。

5月份，梁启超又改变初衷，认为还是先制宪后选举合乎逻辑，于是，在制宪问题上进步党与国民党携起手来。7月12日，国会成立了60人的“宪法起草委员会”，其中国民党占大多数。8月2日，这个委员会在天坛祈年殿开始工作，因此后来人们称其为“天坛宪法”。

天坛宪法草案的要点有：

总统由国会议员组成的“总统选举会”选举产生。任期五年，可连任一次。

总统颁布的法令，须经国务员副署。

国务总理的任命，须经众议院同意。国务员对众议院负责。

国会闭会期间，由“国务委员会”代行其职权。

宪法的增修系国会之事，总统不得过问。

天坛宪法采用总理制，总统权力甚微，这是袁世凯所不能接受的。此一抵牾也成了解散国民党、撤销国民党籍议员资格的发轫。

10月14日，当国会开议《宪法草案》时，国民党新败之余感到有必要与进步党联合，进步党也觉察到需要以国会制衡一下权力日益膨胀的大总统，所以两党在宪法起草中意见趋于一致。国民党的部分党员张耀曾、谷钟秀、杨永泰等人与进步党党员丁世峄、蓝公武等还组成了民宪党。这时，袁世凯关注的只有两个问题，一是总统任命国务员是否要经过国会；再有，总统有无权力解散国会。他想在国会中组成一个宪法审查会，以去除不合己意的条款。但依照宪法会议规则，委员会只能审议，而无审查之权。

当宪法起草委员会准备将宪法草案提交宪法会议审议时，袁世凯宣布：“所有法令，均须经大总统公布，始能有效。”紧接着，他在10月16日提出增修《约法》案——袁世凯宣称，他这个总统是根据1912年的《临时约法》所选，而此宪法草案和现总统，在法理上抵触太多，与其将来再修改宪法，何不增修《临时约法》？其目的是增加总统权力，改总理制为总统制。此时，天坛宪法已进入三读，议员们认为既然宪法即将诞生，《临时约法》将被废除，何必再修改约法呢？袁对此很不满意，在要求派人列席宪法会议被拒的情况下，于10月25日通电各省军政长官，抨击国会专制。立即，徐州的张勋回应道："宪法草案荒谬绝伦。"并且要"诛除叛逆，以身许国，万死不辞"。而倪嗣冲早在10月8日即通电主张解散国民党，将国民党要员驱逐回籍。这正道出了老袁的心思。

3 解散国民党和国会

任内阁总理时的熊希龄

袁世凯在决定变总统制之前，曾在怀仁堂召集内阁成员开会，他说起英国顾问莫理循、美国顾问古德诺、日本顾问有贺长雄，以及许多学者认为总统制毕竟要较总理制好，这事并非关系我一个人，所以请大家来各抒己见，究竟定出一个办法。总理熊希龄首先说，现在我国政治不上轨道，并不是总理制的不好，而是内阁的人才不济，如果总理、阁员得其贤人任之，强国富民也未尝不可，其意是请总统另请高明担任总理吧。袁世凯则说，这是政治上的根本问题，绝不牵扯到你个人，我们讨论的是理论，而不是当前的具体形势。说罢，环顾四周，内阁成员们都噤若寒蝉，一言不发。只见段祺瑞站起来说，总统制有美国的先例摆在那里，不是绝不可行，请总统自行定夺可也。不过我有一言在先，忠告总统，总统制、总理制都可商量，但是若以总统制谋为帝制的先声，则我断不敢从。袁世凯听了，陡然变色，急忙王顾左右而言他。

既然当初决定先选举后制宪，现在大总统已经产生，下一步自然是制宪了。

10月31日，天坛宪法三读通过——此乃中国有史以来的第一部宪法，可是这时已经当上大总统的袁世凯对这部多方限制总统权力的宪法已经没有了兴趣。

1913年11月4日，袁以国民党在南方倡乱为由，宣布国民党为乱党，下令解散，取消国民党议员资格。当天派出军警数百人包围崇文门大街国民党北京支部，次日又包围国会，连夜追缴国民党议员证书证章。两天之内追缴议员证书证章430多件，于是国会开会不够法定人数，只得停止议事，国会实际上处于停顿状态。这期间，袁世凯驳斥宪法草案的意见书多出自梁启超之手笔。可是国会瘫痪后也就没有了进步党的活动空间，梁启超还曾想以内阁总辞职作为抗议，但熊希龄并不理会，梁只好作罢。

11月10日，宪法起草委员会宣布解散。

这时，熊希龄内阁正准备按照袁的意图实行体制改革——即虚设省一级行政设置，改为直属中央的道，以此巩固中央地位，谋求全国统一局面。袁以为兹事重大，须召集地方长官代表进行商讨。熊希龄于11月15日电令各省选派代表进京参加行政会议。此时正值解散国民党，取消国民党议员资格，于是，顺便改为“政治会议”。

11月26日，袁总统明令召开“政治会议”，以代行立法机关的职能。政治会议由每省派两人，国务总理派四人，每部派一人，总统派十人组成。所派代表大都是前清的官僚，如李经羲、宝熙、杨士琦、杨度等。袁本想让杨度任政治会议议长，恰逢此时，李鸿章的侄子李经羲来到北京。李在前清时曾经任云贵总督，袁素来重视前朝的官阶，便忍痛牺牲杨度，改任李为议长，张国淦为副，杨士琦、饶汉祥为委员。杨士琦和饶汉祥分别代表了袁和黎，好像很给黎元洪面子，实际上连李经羲也是挂招牌而已，真正操纵的还是老袁自己。12月15日政治会议在北海承光殿开幕，首先全体议员69人到总统府觐见，聆听总统训话。政治会议名为咨询机构，负责进行政策研究，以供政府采纳执行。

政治会议开幕之后，以黎元洪领衔的19省军政长官发表要求解散国会的通电。

1914年1月10日，袁根据政治会议的决议，下令停止国会所余议员的职务，每人发旅费400元，饬令返回原籍。平日吃喝嫖赌惯了的议员们，取消津贴之后一文不名，甚至有的人借十块钱作路费回家。国会解散，政客们没有了活动的舞台，梁启超亲自陪着熊希龄跑到总统府求见袁世凯。等了很长时间，才蒙总统接见。梁恳请总统不要解散国会，还滔滔不绝讲了一番大道理，不料，总统只是淡淡地说："晚了，命令已经发出。"这批所谓"国会议员"本来也不是由人民选举产生，因之也无须对选民负责，他们的政治活动全由个人利害关系决定取舍，所以解散不解散，老百姓也无人过问。

根据《临时约法》，总统发布命令，必须内阁副署方能生效。可笑的是，名流内阁之中不乏宪政专家，却也副署了解散国会的非法命令。接着，袁于2月3日又下令停办地方自治会；28日下令解散各省议会。想当初还是袁世凯自己在直隶总督任上带头建立的地方自治机构，如今他又否定了自己。

国会解散完毕，熊希龄内阁也就失去存在的理由。

熊希龄以总理自兼财长，却是巧妇难为无米之炊。在年关来临之时各方伸手要钱，熊居然一筹莫展，还是梁士诒替他想的办法渡过难关。熊建议大举裁军，以减少军饷。段祺瑞在国务会议上拍案大骂，给熊总理好个难堪。还有，熊在他家乡湖南都督的人选上，也和袁发生歧见。熊主张派蔡锷督湘，袁却派了汤芗铭。汤在湖南大兴党狱，杀人如麻，引起湘人对熊的不满。熊希龄处在各方面的夹缝当中，真是八面不讨好。

1914年2月，袁世凯通过总统府秘书长张国淦劝熊希龄辞职。袁说："院方只说话不做事，财政更无办法，总理辞职为是。或先辞财政，再辞总理。你与总理是旧交，可以劝劝他。我不是强迫他下台，是他办不了。"张国淦说："此等大事，局外人哪能轻易插言？"这时国务院秘书长进来，袁问他："近日总理办些什么事？"那人回答："总理想辞职不干。"袁大惊失色说："总理哪能辞职？我还没有继任人选，请他务必安心办事。"张国淦在一旁叹道：总统的表演天才真是不同凡响。

4 参政院和终身总统

政治会议所做的主要事情有：增修约法，停止国会议员职务，解散各省议会，特别设置了制法机关——约法会议，并通过了《约法会议组织条例》。

1914 年 3 月 18 日，约法会议召开，孙毓筠为议长，施愚为副。5 月 1 日公布了修订后的《新约法》，其令人注意的几点有：

(1)关于总统部分完全仿照日本天皇的职权，只不过没有“万世一统”的继承制而已。

(2)总统有权制定官制、官规，任免文武官员，而没有明确是否要国会通过。

(3)总统为行政首长，设一国务卿赞襄。

(4)议会采取一院制，即立法院。立法院未产生前，由参政院代行立法院职能。

(5)总统有权否决国会提出的法案。

(6)对于总统的选举办法、任期等问题，语焉不详。

根据新约法，立法机关采用一院制，立法院未成立前，由参政院代行其职权，而参政院本是一咨询机关，同时也是宪法草案审定机关。1914 年 5 月 24 日，《参政院组织法》公布，由大总统特任正、副院长两名；简任参政 50 ~ 70 人。5 月 26 日，黎元洪、汪大燮被任命为参政院正、副院长。瞿鸿禨、梁士诒等 73 人被任命为参政。7 月 3 日，参政院推举李家驹、汪荣宝、达寿、梁启超、施愚、杨度、马良、王世澂、曾彝进等十人重新组成“宪法起草委员会”。

1914 年 7 月间，总统府政治顾问古德诺提出修改《总统选举法》的建议。因为旧选举法规定，国会为选举总统的机关，而现在国会已不存在。再有，选举法规定，总统因故不能行使职权时，由国务院行使总统职权。现在国务院也不存在，所以有必要进行修改。8 月 18 日，参政院通过参政梁士诒的提案，将1913年10月15日公布的《总统选举法》进行修改。12月28日，约法会议通过此案，次日，予以公布。

新选举法的要点是：

(1)总统任期改为十年，可以连选连任。

(2)总统可以推荐继任者，预先写在金简之上，藏于金匮石室中。石室的钥匙有三把，总统、参政院长、国务卿各执一把，选举前开启交与选举会议。

(3)总统选举会议由参政院参政、立法院议员各选50人组成。

(4)逢总统选举年时，如果参政院认为必要的话，总统可以不通过选举而连任。

显然，这个修改的选举法完全是为袁世凯而定制的，而且不但他是终身总统，还可以传之子孙，实际上是皇帝化的总统。这个不伦不类的《总统选举法》，真是古今中外绝无仅有，如果硬要找一个先例的话，大概只有清朝雍正皇帝的秘密建储差可与之比拟。当然，参政院在代行立法院期间，除了《总统选举法》外，还制定了几十部中国有史以来从未有过的新法律，如《森林法》、《出版法》、《著作权法》、《国籍法》等。

早在1914年初，四川就有一个县知事上了一个条陈，请将大总统改为终身制。袁世凯阅后大发雷霆，正准备查办这个知事，旁边的谋士劝解他说，如果真的查办这个忠于总统的人，岂不叫真心爱戴总统的人灰心吗？袁立刻转变态度，把这个条陈刊登在政府公报上，让各省官员发表意见。自然，底下一片附和、赞美之声。现在，这个县知事倒成了先知先觉了。

《新约法》公布后，袁世凯已经是任期定为十年的大总统，而且可以连任，等于是终身总统。他不但总揽行政权，而且即使立法院成立，要五分之四议员出席，四分之三议员通过才能弹劾他；弹劾只能交大理院，而大理院是否受理得决定于总统。他如果不同意，有解散立法院之权。由于宪法由参政院审定，参政院却是由他任命，所以，他也掌握了制宪的大权——这样的总统真的是前无古人的。

到此时为止，袁世凯只差一顶皇冠了。但事情并不那么顺利。

再说，袁周围的一班善于揣摩上意的小人，已经看出袁的心思，但是嘴里绝对不吐露“帝制”二字，只是说，共和再也办不下去了，等等。袁世凯起初还装作维护共和的样子，经不住这些人反复的说项，渐渐也表示：非帝制不可；最后终于放出话来：“你们斟酌去办吧。”

这个“你们”指的是谁呢？北洋军人方面有段芝贵、雷震春、张镇芳、袁乃宽等；幕僚方面则只有杨士琦、夏寿田二人；还有极少数的人可能知道一些风声，如曹汝霖因负责外交的关系，稍知一二。至于后来筹安会的杨度等人是毫不知情的。到了 1914 年的下半年，这些人已经准备把言论付诸行动，转入实质性的步骤了。不料，河南出了个白朗，接着日本提出了《二十一条》。

第二章 帝制遇到的阻隔

一 白朗起义

1911年下半年，在河南、湖北交界的地方出现了一支反抗袁政府的民间武装——这就是轰动中外的白狼军。

白狼的真实身份一直扑朔迷离，传说他姓白，名朗——以讹传讹叫成了白狼(有轻蔑之意)，字永丞，回族，河南宝丰县人。也有说他姓冯，姓李，莫衷一是。传说他出身殷实之家，前清时曾在河南陆军小学学习军事，喜好看武侠小说，尤其仰慕《水浒传》里面的宋江。白朗于清末时曾在北洋第六镇统制吴禄祯手下当参谋，吴被刺后，他和中州大侠王天纵一起到嵩山落草，好在那时民国初建，裁军汰兵，许多裁撤下来的军人无以为生，便带着武器就投入白朗的军中。后来，王天纵被政府招抚，晋升中将。河南军方也想收服白朗，双方已经谈好了条件，白朗恐怕其中有诈，叫他的同伴先行。不料，河南都督张镇芳是个毫无策略的人，见到这些投降的绿林头领，立即全都枪毙了。白朗闻知勃然大怒，乃纠合余众，驰骋豫、鄂交界一带，自称"中原抚汉军大都督"，喊出的口号竟然是"为清朝报仇"。

河南本来就人口稠密，十之八九的百姓不能自存，以致弱者流为丐，强者流为寇。这豫、鄂交界更是穷困之地，人们衣食无着，自然就会铤而走险。这也给白朗军的迅速发展提供了有利条件。这时的河南都督是袁世凯的亲戚张镇芳。

张镇芳（1863—1933）字馨庵，河南项城人氏，两榜出身。他和袁世凯有点远亲关系——他是袁世凯长兄袁世昌的妻弟。靠着这亲戚关系，袁世凯任直隶总督后，张镇芳也发迹起来，做过银元局会办、直隶差委总办、河间兵备道、长芦盐运使等职务。袁世凯开缺，仓惶逃到天津时，张镇芳曾资助他一笔巨款，还担保照顾他的家属，和老袁也算是患难之交。这之后，他还曾署理过直隶总督——这都是些阔差使。尤其是盐运使更是肥得流油，一个县的盐政每年都可拿到十万多的进项，何况总领北方的盐运使呢？民国肇建后，袁世凯重视家乡之地，特命张镇芳做河南都督。张本是个聚敛之徒，使十分困苦的河南百姓更是雪上加霜。且张镇芳大开杀戒，屠杀在河南境内进行反袁活动的青年学生。这样一来，为渊驱鱼，反倒增加了白朗军的声势。

白朗那时也不过刚到不惑之年，是个身材魁梧的壮汉，脸上有几个麻子。此时的白朗不过为了复仇，不久，南方二次革命事起，孙中山、黄兴都曾派人持函与之联络，白朗也乐得有所奥援，这样一来白朗军则带有了反袁的政治色彩——也有人说，白朗军中真正掌权的是同盟会中人。白朗曾以"中华民国抚汉讨袁司令大都督白"的名义，发布告示：

满业倒了气运，袁贼逆命权衡。
我国现在无印，受定国课何用？
袁贼一概独吞，假作民国扬名。
我军来到地方，百姓并不逃行。
现有中州真主，荡荡如同天神。

1913年5月，白朗攻破豫南的唐县，揭起了反袁的大旗。白朗手下最强悍者，为宋老年、李鸿宾两部。白朗军不以占据城池为目的，而是采取避实就虚、东窜西奔的策略——好像是唐末流寇黄巢的翻版。他们能够日夜之间行军一二百里路，从河南扫过鄂北，又返回豫西山区。接着突破北洋军的围剿，东进豫、皖边区，直逼皖中的舒城和鄂东的英山，准备与国民党势力会合。袁政府大为头痛，不得不撤掉张镇芳、赵倜，代以他的心腹大将段祺瑞出任河南都督（这其中还别有隐情，留待以后再表）。

白朗军也时有烧教堂、杀教士的行为，引起列强们的不满和抗议。英、俄两国还扬言要进行军事干涉。二次革命失败后，江浙的革命力量瓦解，白朗只好掉头西窜。1914年2月，白朗军经湖北顺利进入陕西。3月下旬，袁世凯电令段祺瑞，从速剿灭白朗军，他在电报中说："白匪久未平，各国报纸谓政府力弱，不足以保治安，乱党又从中鼓吹，殊损威信。因而中国债票跌至百分之十二三，续借款愈难办，关系全局甚重……部长久在外，各国注视白狼更重，且久不平，尤损声威。"段祺瑞在回电中也不得不承认："劳师糜饷，贻笑中外……久劳师旅，未靖匪氛，殊深愧悚。"

白朗军越过秦岭，逼近西安，又北渡渭河，在一个多月中，横扫陕西十三州县，随后从陇县进入甘肃。1914年5月5日，白朗军攻克天水，又南下至陕、甘边界的徽县，准备由汉中进入四川。因川军的堵截，入川未成，转向西北，直指兰州。

4月间，袁世凯任命陆建章为"西路剿匪督办"，指挥各路人马二十万四面围剿。白朗军进入甘肃后，因人烟稀少，粮食紧缺，饮水困难，又受到当地回民群众的顽强抵抗，白朗的肋部受伤，一颗牙齿也被回族妇女打落，下嘴唇被打豁。在部属的坚持下，不得不于7月上旬，通过荆紫关回到豫西。白朗为防止被政府军集中包围，决定化整为零，四出活动，很快被官军各个击破。1914年8月5日，白朗死于镇嵩军刘镇华派去卧底的奸细之手。白朗既死，其余部再也成不了气候。这场历时三年多，成为袁政府心头大患的起义队伍终于被消灭。

二　列强乘虚而入

袁世凯一向走英美路线，这和他早年在朝鲜结怨于日本不无关系。

第一次世界大战爆发之后，英国在远东的势力为日本所取代，而且处处迁就同盟国日本的意向，对北京政权的支持已有力不从心之感。但为了对抗德国，仍然尽量设法援助袁氏政权。站在与英国对立立场的德国，也极力争取中国的“同情”，乃与英国争相支持袁的帝制运动，因而加速了洪宪帝制的步伐。在此情势下，帝制派唯一顾虑的只有日本。

英、德并非对袁世凯有什么特殊感情，英国公使朱尔典虽然是袁世凯在朝鲜时认识的老朋友，但“利益高于一切”是列强们的外交准则。

1 英国觊觎西藏

英国在华不仅大肆掠夺经济利益，而且想染指西藏、青海等地领土。

早在清政府时，英国即以印度为基地，觊觎西藏的领土。自从鸦片战争以来，英国胁迫清政府与之签订了五个有关西藏的非正式条约，计有：《中英会议藏印条约》（1890、1893）、《拉萨条约》（1904，但清政府拒绝承认）、《中英续定藏印条约》（1906）、《修订藏印通商章程》（1908）。在五个条约中，英国虽然极力否认中国政府对西藏拥有统治权，但也不得不承认中国对西藏的宗主权。因为，俄国当时也在窥视西藏领土，所以英国的这一默认实际是预防这个北极熊过来插一杠子。

此时，十三世达赖喇嘛在俄国间谍的诱惑下，与沙俄暗送秋波，竟然暗中尊沙皇为“护法皇帝”。1904年，日俄战争爆发，俄国无暇南顾，英国遂一举占领拉萨。达赖害怕被英军俘虏，仓惶逃到青海，转往库伦（今乌兰巴托），企图得到俄国的救援。英国则扶持起九世班禅喇嘛，作为英国的傀儡。

以后，英国对清政府步步紧逼，干脆不承认中国对西藏的宗主权，欲使西藏沦为英国的保护地。但是，日俄战争后，日、俄两国又联合起来，抵制英、美在中国的扩张。达赖在库伦无所作为，只好向清廷请求入觐。慈禧太后允许他回西藏重新主政，达赖在内地滞留了七年后，终于回到西藏。英国得知后，暗里引诱达赖去印度等待时机。达赖入藏后，果然潜往印度呆了两年。清廷以叛国罪，褫夺了他的封号。

辛亥革命起，英国人趁机将达赖护送回藏。达赖在英国扶持下重新上台后，宣布西藏独立，驱逐清廷驻藏大臣。而藏军侵扰四川境界，引起四川都督尹昌衡的反击，将藏军打败后，设立川边行政区，后改为西康省。

这时，英国驻华公使朱尔典向中国政府提出抗议：

(1)中国不得干涉西藏内政。

(2)中国驻西藏官员除卫队外，不准带兵。

(3)关于西藏问题，中英双方另外会商订立条约。

(4)中国政府若不承认上述条件，英国不承认中国政府。

袁世凯最怕外国人不承认他的政府，只好取消了讨藏军，恢复了达赖的封号，并和英国政府于 1913 年 10 月至 1914 年 7 月，在印度的西姆拉(Simla)进行边界谈判。英国单方面将霸占去的中国九万平方公里土地的所谓“麦克马洪线”之荒谬边界强加给中国。但中国政府从未承认这条边界线，英帝国主义又设法勾结西藏的上层来和中央政府闹别扭。事实上，当时离西藏十万八千里的英国和中国在西藏形成对等地位。

英国人的野心还不止西藏一地，甚至连青海也在其吞并的计划之中。为此，英国别有用心地称青海为小西藏。后来，袁政府于 1915 年 10 月裁撤青海办事长官一职，改设甘边宁海镇守使。跟着，伦敦放言：袁世凯做皇帝对中国有益无害，人们猜测这是英国用来与袁世凯交换承认帝制的条件。

2 俄国强夺蒙古

比英国更为露骨的是沙俄对蒙古的野心。

俄国人自1860年的《北京条约》之后，一直将东北视为其禁脔。但在1904年的日俄战争败绩之后，不得已之下，将东北的利益分给日本一半，以长春为界，把南满送给日本。在维持东北的利权上面，俄、日两国联起手来，不许第三国染指。

同时，俄国一直妄图唆使外蒙古独立。趁着辛亥革命的混乱，俄国人煽动库伦的哲布尊丹巴呼图克图活佛成立“蒙古国”。1912年，蒙古正式独立出去，引起国内舆论的一片哗然。而英、美、日等国因为彼此默许对方在中国的势力范围，所以也三缄其口。

1912年，日、俄两国又秘密在中国的内蒙古划分势力范围，西边归俄国，东边归日本。

3 日本野心无边

日本对中国的侵略野心已非一朝一夕。武昌起义时，日本朝野大多数人均以为此乃千载难逢的良机，可用来扩展其在华利益，军部主张尤力。当时的西园寺内阁支持清室，反对革命党，趁乱扩展势力。军方力主出兵占领东三省，甚至挺进直隶、山西等地。后来，由于革命形势的发展迅猛，日本反过来又支持革命党，与袁政权对抗。而日本民间，自甲午战争以来，一直对袁世凯深恶痛绝。但是，因袁世凯因势利导、纵横捭阖，将日本的阴谋一一化解，绝大多数日本人必欲除之而后快。因之，二次革命时期，日本众多的所谓“民间志士”参与其中，连陆军军人亦相率加入南方革命党人。

(1)胶东问题

欧战爆发后，袁政府曾有意趁机收回青岛，并与德国驻华公使进行过非正式会谈。日本却蛮横地警告中国,不得进行。

日本参加了协约国,不去欧洲打仗,却把枪口对准了德国在中国的租借地——胶州湾。1914 年 8 月 15 日,日本向德国发出最后通牒,要求将胶州湾交给日本,否则将动用武力。袁连忙召集紧急会议,召集国际法专家顾维钧、伍朝枢、金邦平等咨询。顾认为:中国有权维护中立立场,保卫自己国土,抵御日本侵略。袁又征询陆军总长段祺瑞的意见,问他如果和日军发生冲突,中国军队可以支持多久?段无奈地表示:如果抵抗日军进入山东,中国军队支撑 48 小时没有问题,但之后不敢保证。袁叹息之余,只好援引 1904 年"日俄战争"的成例,划出"交战区"供日、德交战,中国在区外"保持中立"。

但日本根本不理会什么"交战区"或"中立区"的划分,日军于 1914 年 9 月 2 日在山东龙口登陆后,并不着急向德国军队开火,反而先后占领了潍县、青州、济南等地的车站,控制了胶济铁路,并将铁路沿线的矿山、企业,以及胶州的海关全部占领。虽然中国政府一再提出抗议,日方却不屑一顾。11 月 7 日,日本攻占了青岛。穷凶极恶的日本兵烧杀抢掠,无恶不作。德军宣布投降后,日本夺得德国在山东所占有的一切权益。

日本看到欧洲各国忙于大战,无暇顾及中国事务,所以放心大胆地在中国为所欲为。等到造成既成的事实,西方人也没有办法了。

另外,袁世凯密谋帝制自为,只和德国、英国密商其事,而把日本撇在一边。日本自然认为德、英两国将在中国取得额外利益,日本不免有向隅之感,于是极想在德、英两国之间杀出一条血路。

10 月 29 日,日本黑龙会的内田良平向日本外务省提出一份旨在灭亡中国的秘密计划,即《对支问题解决意见》。在此抄录其中一段,即可看其狼子野心:

我帝国如欲为支那民众之后援,非得一旦置支那族于死地,而后使其求生不可。即以彼邦革命党、宗社党为首,并唆使其他不平分子,在支那各地骚扰,迫使其国内陷入混乱状态,及至袁政府土崩瓦解,我既可由四亿民众之中选拔最堪信任而声望最著之人,加以扶植、拥护,使其完成改造政府，统一国家之大业。

日本政府的策略是“恩威并施”，为此曾拟定对袁政府《引诱条件》四条，如其中有，保护袁政府的安全，取缔在日本的革命党、宗社党、浪人团体等。同时也拟定对袁政府的《威压条件》两条，如煽动革命党、宗社党以示颠覆的气势，而达到威胁的目的——从此也可看出，革命党也好，宗社党也好，始终是日本人对付袁世凯的一个棋子。日本政府正是在黑龙会《意见》的基础上，炮制了《二十一条》。

(2)提出《二十一条》的背景

日本早有独霸中国的野心，这是日本一向对中国的国策。

辛亥革命时，日本认为这是千载难逢的良机。陆军省军务局曾拟定方案，分析如何实现吞噬中国的计划。诸如占领中国东三省，攻取直隶、山西，或者割取福建、广东等，因此军方要求内阁增加两个师团的兵力。海军也一反以往的消极作风，有攻取厦门，与台湾、澎湖形成三角之势的设想。但是，内阁的方针是支持清廷，拥护君宪，反对革命党，趁乱扩张在华势力。因陆军的扩军计划被西园寺内阁拒绝，军方发动倒阁行动，造成了西园寺内阁的倒台。日本对华政策失败后，转而支持革命党，却没有料到袁世凯很快取得政权，被英国人占尽先机。

以山县有朋、松方正义为代表的元老派却是另一番心肠，他们主张承认袁政权，并参加五国银行团借款给袁政府。此一政策遭到民间——主要是以“黑龙会”为代表的浪人集团的强烈反对。犬养毅在宪政拥护会上大肆谴责袁世凯，攻击外务省的对华政策；头山满组织“对支(那)外交反对协议会”，成为强有力的在野组织。

二次革命时，日本又找到一次机会。日本玩弄其一贯的两面派手法，一方面由政府参加银行团借款给袁政府，而又以民间出面支持南方革命党。袁世凯在朝鲜时早已明了日本的手段，岂能不明白其中的奥秘？

袁的外交政策重心一直放在英国，只要能够维持中英密切关系，其余的国家，诸如日本都可等闲视之。实则是以夷制夷——联英制日的翻版。只是欧战爆发后，日本取代英国取得在华的特殊地位。日本人和袁世凯早在朝鲜时期就结下深怨，从甲午年起，日本人对袁世凯一直有一种憎恨且畏惧的心理，所以千方百计要破坏袁在中国的统治，明里暗里支持国民党反对袁世凯——以便浑水摸鱼。日本朝野都认为袁世凯是日本大陆政策的障碍，必欲除之而后快，所以倒袁一直是日本的既定方针。

1914年8月，日本新任驻华公使日置益遵照大隈首相的秘密指示，向袁世凯暗示“中国应该有一个皇帝”。袁还不敢承认，连忙否认有称帝的企图。日置益开门见山地说：“做皇帝没有什么不可以，但有一个重要的关键，中国政府应当向日本人民表示中国对日本的善意，才能获得日本政府的同情和支持。”大隈首相还曾向中国驻日公使陆宗舆（1876—1941）表示：“改共和为帝制，是中国的内政问题，袁大总统可以放心进行。”袁的日本籍政治顾问有贺长雄向袁进言说，如果中国恢复帝制，中日两国国体相同，对两国提携合作更为有利。

当日本探知英国全力支持袁的帝制计划，而把日本摒之在外后，不由滋生怨恨，又一反过去的方针，决心破坏之。所以在攻下青岛之后，立即提出《二十一条》，借以打击袁氏。

（3）《二十一条》交涉

1915年1月间，中国照会日本，要求撤退留驻山东的军队，借以收回中国的权益，但日方根本不理会。

1915年1月18日下午3时，回国述职归来的日本驻华公使日置益在怀仁堂求见袁世凯。日置益竟然违反外交惯例，直接把变中国为日本保护国的《觉书》（即《二十一条》）当面交给袁世凯，并要袁“迅速商议解决，并守秘密”。日置益并别有用心地说：“中国国民党与日本政府之外的有力人士保有密切关系，除非中国政府给以友谊的证明，日本政府实不能阻止这些人扰乱中国的行动。”他又说：“日本人民全都反对袁总统，他们认为总统是排日主义者，你的政府采取远交近攻的政策来反对日本。如果总统接受我们的要求，日本

《二十一条》谈判时的情景

人民将感谢你的友好表示，我国政府以后也会遇事相助。总统若开诚交涉，则日本希望贵总统再高升一步。”

袁对日公使的嚣张气焰始终没有表态，只是淡淡地说，中日两国亲善，为我之夙愿，但关于交涉事宜应与外交部会商。日置益走后，袁极为愤怒，当即命令夏寿田，帝制的事情一律停办。

在事先毫无所知的情况下，袁接到《二十一条》后，焦虑异常，当晚召集紧急会议，讨论应付办法。袁说，日本提出的《觉书》，意义很深，他们趁欧战方酣，各国无暇东顾，见我国是已定，隐怀疑忌，故提此《觉书》，意在控制我国，不可轻视。尤其是第五项，意以朝鲜视我国，万万不可与他商议。袁决定采用拖延战术，一面缓慢谈判，一面派总统府秘书曾叔度到日本顾问有贺长雄那里，了解日本政界的底牌。据有贺说，日本虽有责任内阁，但是真正掌握实权的乃是元老派，其代表人物即松方正义侯爵和山县有朋公爵。而且日本宪法规定，军队的统帅权在天皇，内阁总理和陆军大臣无权调遣一兵一卒，也无权命令士兵开一枪。为此，袁给有贺大洋一万元回国活动，让他向日本元老公开大隈内阁的无理做法。

日公使越过外交部直接与总统交涉的做法开启了元首外交的先例，其之所以这样做，一是怕通过外交途径解决，会引起西方的干涉，二是摸准了袁想帝制自为的弱点，乘机要挟。1月22日，代表大隈内阁的报纸《时事新报》发表社论："……其政体如何，固不可问。至于当局人物，若能保国内之治安，全邻邦之亲善，无论何人皆不妨表好意以欢迎之。"此道出日本政府以帝制逼袁就范的意图。

《二十一条》分五号：

第一号，关于日本在山东的特权计有四条。要求中国政府承认日本继承德国在山东享有的一切权利。凡山东省内及沿海一带土地及各岛屿不得租借或让与他国，允许日本建造由烟台或龙口连接胶济路线的铁路。

第二号，关于日本在满蒙的特殊地位共计七条。将旅顺、大连租借期限及南满、安奉铁路的交还期限延长至99年。并承认日人在上述地区享有土地租借权或所有权。日人可自由在上述地区居住、经商，并享有筑路、采矿独占权，优先受聘为政治、财政、军事顾问权。将吉长铁路管理经营事宜委托日本政府，为期99年。

第三号，关于日本在汉冶萍的特殊权利共计二条。要求汉冶萍公司改为中日合办，所有属于该公司一切权利产业，中国政府不得自行处分。

第四号，关于中国全国领土计有一条。中国沿海港湾、岛屿概不准租借或让与他国。

第五号，关于中日合作共计七条。要求中国政府聘用日人为政治、财政、军事顾问，日人在中国内地开设医院、寺院、学校时，允许其拥有土地所有权。中日合办警政，中国需向日本购买军械，在中国设立中日合办的军械厂。将武昌及南昌、九江间，南昌与杭州，南昌与潮州间的铁路建造权让与日本。日本在福建有投资铁路、采矿、建港及造船厂的优先权。日人有在中国传教权。

袁世凯批阅公文

袁世凯以朱笔对《觉书》逐条加以批示，第一号关于承认继承德国利益问题，批以："应双方协商，哪能由日本议定，我方承认？"对于合办矿业，批以："可答应一二处，须照矿业条例办理，愈少愈好，可留与国人自办。"对于汉冶萍铁矿，批以："这是商业公司，政府不能代谋。"对于福建的让与批以："荒唐，领土怎能让与第三国？"对于内地中日杂居批以："治外法权没收回之前，不能允许杂居。"对于第五号批以："此项限制我国主权，简直似以朝鲜视我，这种条件岂平等国所应提出？实堪痛恨！日本自己亦觉不妥，故注希望条件，不理可也，万万不可开议，切记切记！"袁还在有关条款上面批道"握我政权"、"握我警权"、"握我械权"。袁并且一再叮嘱外交部，只能逐条商议，切不可笼统议论。

次日，日置益求见孙宝琦外长。不料，孙见了该条款即大发议论，逐条指摘。日置益却笑道，贵总长对条款内容如此明了，将来谈起来岂不更加容易。袁世凯得知情况，大为光火，说孙宝琦太糊涂，初次见面就逐条指摘，以后如何继续商议？当天就撤了孙宝琦的职，改由陆征祥任外长，连同外交次长曹汝霖负责与日方谈判。袁世凯还授意外交部尽量拖延时间，并设法将《二十一条》向西方媒体透露出去。

于是，谈判秘密进行过程中，日本和西方报纸很快得知并披露了《二十一条》的全部内容。

日本的这一要求包罗万象，势力范围由东北、内蒙以至福建、浙江；职权范围由修建铁路、开矿以至开商阜、内地杂居。甚至第五条要求政府机关设立日本顾问，两国用同一军械，警察由日本训练，小学用日本教师，日本僧人到内地传教。若是全部答应这些条件，中国无异亡国、亡种。

在此期间，袁氏采取一拖再拖的手段，应付日置益，以等待有贺长雄的回报。同时，袁通过各种渠道收买众多日本浪人做眼线，去了解日本公使、日本侨民的动向，以制定应对办法。

有贺从松方那里了解到，《二十一条》只是大隈内阁所为；松方并通过有贺转告袁，中国东北地区乃是日本人以血肉性命从俄国人手中夺得，希望给予日本发展机会，至于东北以外的其他地区，日本绝无染指之意。当袁世凯得知日本政界元老对此事并不知情，而且内阁无权擅自动兵的时候，他面带喜色地说："如此，我得要领矣！满洲以外的要求，我一条也不会答应他们。就是满洲，俄国所抢去的，他日本都拿去了。他还想发展？你们发展了，我们却瘪了。"袁对有贺似乎不放心，又派金邦平去日本见松方，以核实有贺所言是否确实。等到核实无误后，袁又通过有贺长雄想摸清：一旦谈判破裂，大隈内阁是否有权派兵？从有贺长雄那里得知，要想动兵，必须开御前会议才可决定；而依日本现实形势，似乎没有动兵的可能。袁世凯了解到这些后，说："满洲以外的要求，我全部驳回。满洲内的要求，多少答应他几条。可是虽然答应他们，我也有办法叫他等于不答应。不但如此，我还要反打一棍，向他们提要求。"日方接到袁的答复后至为惊异他的大胆，不得已，只好上报天皇。在御前会议上，元老们确定对满洲外不提要求，满洲内提出要求的底线，即：(1)中国东北地区华、日杂居；(2)日民可以在东北地区租地、种地；(3)东北警察当局要聘请日本顾问。袁世凯凭着他与日本人多年打交道的经验，立即品出这个情报是真的。日本这三点要求看来平常，但真的施行后，必然造成东北地区主权的两属局面，为其提出领土要求埋下隐患，可谓恶毒已极。

袁通过收买日方间谍摸清这些情况后，决定不以法律手段，而以行政手段破坏条约的实行。他颇为自信地说，可以让日本人来东北杂居，但是画地为牢，使他们一出自己的居住范围就会遇到危险；至于租地，可以事先告诫中国人，谁敢租给日本人土地，以卖国贼论，杀无赦；警察局也可以聘请几个日本顾问，但是顾而不问，不过给他们几个钱而已。后来，袁世凯利用张作霖按他的计策排日，遂使张氏趁机坐大。张作霖大言炎炎地说："有我老张在，日本人甭想出附属地一步，东北的寸土也不会落入日本人手里。"袁死之后，总统府顾问曾叔度了解到，东北地区的日本人真的是像袁所设想的那样，他们不敢迈出居住地一步，租地也租不到，简直像是到了集中营。虽然，这些都按照袁氏设想办到了，但是，之后的皇姑屯事件、"九一八"事变的肇因都起自《二十一条》。

与此同时，袁一面拖延，一面企求国际上的援助，首先征求美国的支持。3月13日，美国政府向日本提出备忘录，摸清大限底牌的袁世凯态度也随之强硬起来。经过了二十多次谈判后，仍未最后签约。日方一方面施加军事压力，一方面以战争威胁中国，最后于5月7日向中国提出最后通牒。各国列强为了自身的利益，不去谴责日本反而劝中国忍让。

5月8日下午，袁世凯召集各机关首长会议，外长陆征祥于会前与英国公使朱尔典会晤，朱氏极力劝阻中国不要与日本开战，惟有忍辱负重，同意日本条件，以待日后再起。朱尔典说："中国已面临生死存亡的严重关头，我以和袁总统三十年的交情说出我的心里话。现在欧洲各国忙于欧战，无暇东顾，中国除接受日本条件外，别无自全之道。"会上，段祺瑞持宁为玉碎、不为瓦全的强硬态度，反对签约。袁世凯详细向他剖析了两国力量之悬殊，最后声泪俱下地说："日人已撤回第五项，议决各款虽有损利益，尚不足亡国条件。只望大家记住此次承认是屈于最后通牒，认为奇耻大辱，从此各尽其职，力图自强，此后或有可为。若事过辄忘，不事振作，朝鲜殷鉴不远。我国国力未充，目前尚难以兵戎相见……为权衡利害，而至不得已接受日本通牒之要求，是何等痛心，何等耻辱！"他希望"经此大难以后，大家务必认此次接受日本要求为奇耻大辱，本卧薪尝胆之精神，做奋发有为之事业，我固责无旁贷，诸君亦与有责也"。会上有一段小插曲，很耐人寻味。徐世昌在会议中突然从口袋里拿出几张纸片，上面记有人名和需办事项，交给周自齐，托他代为安置。

周自齐和周围的人都为之愕然——毕竟这和会场的凝重气氛太不相称了。可是徐世昌泰然自若，无事一般。梁士诒事后对人说，这就是为什么《二十一条》找到我们中国的原因。

这天的上午，新华门和西长安街一带突然出现传单，内称："日方最后通牒已较最初条件有所退让，明日即可圆满结束。双方互相忍让，达成和平解决，实是东亚之福。"事后人们得知，此乃袁克定导演的把戏。次日——5 月 9 日，国人称为"国耻日"，中国将复文交给日本公使。

1915 年 5 月 25 日，袁政府正式与日本签订条约，其中第五项另议。这时，日本举国狂欢，在华日侨也公然在中国领土上举行侮辱中国性质的庆祝游行。许多中国人基于义愤，准备举行对抗的示威游行，而袁政府军警却来制止中国人的示威行动。袁世凯于 6 月下令"取缔排斥日货"，"遇有乱党借故暴动以及散布传单，煽惑生事，立即严拿惩办"。此时，被袁政府通缉拿办的黄兴、李烈钧等国民党元老，停止了一切的倒袁活动，呼吁一致对日。

日本首相大隈重信在此之后，对中国驻日公使陆宗舆说："关于君主立宪事，请袁大总统放心去做，日本甚愿帮忙一切。"

(4)袁世凯故态复萌

袁世凯在签订《二十一条》之后，几日之内惶惶不安、神志不宁。他曾发两道密谕，要求各省文武官员勿忘"五九国耻"，号召百官职司天天以"亡国灭种"四字悬诸心目之中，申儆人民，忍辱负重。他又命丁世峄写了一本《中日交涉失败史》，印刷五万册，藏于山东模范监狱。袁说："勾践不忘会稽之败，最后终于雪耻。别看日本人现在咄咄逼人，将来总难免失败，到那时，这本书就可以问世了。"袁一时也曾力图振作，督促各部兴利除弊，指示极为具体周详。在国务会议上，说到《二十一条》的耻辱时，慷慨激昂，提醒官员时刻警惕。每次会议都有新的提案，并要求各部制定实施计划，付诸实行。尤其对于军事格外重视，他说现在正值欧战，不能依赖外援，只有自立才行。在此期间，曾筹建炼钢厂，整顿各兵工厂，并开设巩县兵工厂、福建造船厂，等等。此后又聘请学者、军事专家组织"东三省研究会"，搜集国防资料，以备实战。同时采取一系列措施整顿财政，发行公债，改革币制（废两为元），整顿税收，请各国退还庚子赔款，专门用来兴办教育。各部也颇为振作，努力完成总统交付的各项任务。到 1915 年，国库的存余已经达到七千万元。西方报纸曾评论袁世凯的政绩说，以一个弱国能够做出这样的成绩，已是不错的结果了。

谁知，老袁见到一点收获，便滋长了自满之心，加之左右宵小一个劲儿地奉承，说日本的伎俩不过如此，只要用心对付，不足为虑。于是，袁世凯又开始重新把注意力关注到帝制问题上面来。他的如意算盘是，如今欧洲列强忙于欧战，无暇东顾，即使有些国家反对帝制，也不足为虑。现在唯一需要对付的就是日本。只要给东洋鬼子一些好处，把其嘴封住，就万事大吉了。

日本报界比较敏感，首先揭露了中国行将改行帝制的消息。袁世凯对此极力否认，并授意北京的《亚细亚报》登载文章，斥之为荒诞不经。杨度和孙毓筠因被指为帝制的首倡者，还通过中国驻日公使陆宗舆在《朝日新闻》上声明更正。

民国初年，封建既倒，民主肇建，袁世凯作为一国之主本是一次极好的机遇，但是昧于一己私利，枉顾天下大势，不以人民福祉为虑，却拿自家利益置前，其失败只是早晚的事情罢了。

对于袁世凯，美国驻华公使芮恩施会见他之后有一记述，可说是从里至外把他观察得极为客观而透彻："袁世凯身体肥胖短粗，面部极富表情。他动

袁世凯在安阳隐居时，垂钓湖上，旁边撑篙的是他的弟弟。

作灵敏，双眼明朗、活泼，从外表看，蛮横，有毅力，很像一只老虎。他和别人谈话时，一直在警觉对方的话语，凝神听取，而且紧跟着对方的思路，似乎在预测下文。他虽然以练兵起家，但从未经过真正的战事，算不上正式的军人，对如何治理民国更是一无所知。他只不过长于统御部下，能够忍耐，知人善任，了解政治内幕，巧于趋避，不择手段，所以获得成功。他有丰富的经验和见闻，但缺乏文化修养，除了早年在朝鲜之外从未出过国，对西方的制度只知道皮毛，不知民主的真谛，对议会、反对党更是茫然。总之，袁世凯是个民主其表，独裁其里的人。"

有人分析袁世凯之所以坚持帝制自为，是有其深层次原因的。

除了政治上，他讨厌国会总是掣肘他的行动，想要从体制上做彻底的手术，割去国会这个赘瘤；另外还有列强势力介入，以及周围宵小的鼓动，还有他自己的个人考虑。

原来，项城袁家的祖上虽然高官显宦出了不少，但是先于袁世凯而死的男性成员中大多没有超过 58 岁。实际上，袁世凯过了 50 岁之后，体力已大不如前，所以时时有大限将到之忧。袁世凯是笃信风水、命相一类数术之学的，在他早年写给家里的信中，总是不厌其烦地提到占卜、风水的事情。中国民间方术中有"冲喜"一说，借喜冲邪。所以他的登极大典选择在民国五年（1916），正是他虚岁 58 之年，想要借助登上九五之尊，来渡过这个困扰他多年的梦魇。其实，这只能怪他过分迷信，不懂科学。试想他一妻九妾，过度消耗，怎么能不提早衰老呢？证诸袁氏后人活到八九十的不乏其人，老袁真是庸人自扰了。

第三章
帝制的推进

中日关于《二十一条》交涉刚告一段落，袁世凯即以召各省将军、巡按使进京述职为名，征求他们对改行帝制的意见。个别召见时，袁见了他们即说："外间都说共和不适合我国国情，你的意见如何？"大多数人都应声附和，只有奉天将军张锡銮、山东巡按使蔡儒楷二人唱反调。张锡銮说："凡事皆可帮忙，惟此事不敢与闻。"蔡儒楷进京前，曾在天津秘密会见了严修。严修告诉蔡："大总统曾问我，我答以：'无论如何，应少谈此事！'"结果，蔡儒楷见了袁世凯，也以此为答。袁世凯笑着说："你在天津见到严范孙了吧？"

在得到多数省份同意的情况下，袁世凯将帝制的设想逐步付诸实行。

一　春云渐展——筹安会

1 仓促上马的筹安会

前面已经说过，此时帝制活动正在袁世凯周围的一个极小的圈子里秘密进行。公府内史夏寿田是杨度介绍到总统府的，与杨度关系极密切。二人经常见面，夏便有意无意中吐露一些内幕给他。杨度不甘心放过这样的机会，便静极思动，于 1915 年 3 月间写了一篇《君宪救国论》的文章，通过夏寿田转交给袁世凯。这篇湖南才子的大作无异成了洪宪帝制最有力而完整的理论，他所承袭的是自同治中兴以来的富国强兵长期目的。国家必须统一，才能安定。在安定的环境中才能立宪，安定后才可致富强。而共和不能立宪，只有君主才能立宪，与其共和而行专制，不如立宪而行君主。杨度又举出一极牵强的理由说，一旦袁总统去世，无一人可承继他。袁看了之后正合自己称帝的胃口，遂击节称赏，马上转给在湖北的段芝贵，叫他秘密付印，发给各省文武长官阅读。

1915 年 5 月间，进步党的投机政客徐佛苏、丁世峄等看出风头，秘密上书袁氏，请他明令废弃共和，改行帝制。袁叫他的心腹夏寿田把这个意见和杨度商量。接着，袁通过夏寿田转告杨度，叫他授意徐等人约集几个名流，组织一个学术团体，名为研究，实际是帮助鼓吹一下帝制。徐佛苏原名叫湛源，早年参加黄兴组织的“华兴会”，因密谋暴动失败后，流亡东京。他嫌黄兴照顾其生活不周，遂改名为佛苏投向了梁启超的保皇党。民国后，成了进步党的中坚分子。袁特意叫徐来组织团体，实际上是想叫他拉拢梁启超担任团体的首脑，因为袁所属意的真正人选是当时学术界的三个泰斗，即梁启超、章太炎和严复。

1915 年 7 月，古德诺趁暑假之机，再次来华，只准备停留六周的时间。杨度便以共和、君宪两种制度的优劣与之讨论，古德诺发表自己见解，民主政治岂可一蹴而就，美国也是经过了多少年后才建立民主制度。以中国今日情形而论，还是宜于君主立宪制。此时，袁世凯已经渡过了因日本提出《二十一条》引起的外交危机，又重温帝制旧梦。但是袁世凯还是遇到各种的阻碍，他见古德诺归来，便想“挟洋自重”，请这位美国学者就世界各国的君主政体和民主政体的优劣作一个评价。而且，古德诺以一个民主国家人士的眼光来评判中国的国体问题，更为客观一些。于是，袁通过蔡廷干找到周自齐。周曾在美国充任外交官二十多年，和古德诺是交往多年的老朋友。古德诺遂以备忘录的形式写下了一篇《共和与君主论》。文章的主要论点是：

(1)民主、共和两种体制并没有谁优谁劣的问题，完全要根据具体情况而论。

(2)共和体制需要民智开化，否则在政权继承的时候，容易出现内乱。

(3)中国习惯于专制制度，人民知识水准不高，缺乏参政经验。如果共和制度创立过于急促，一时难以收到良好效果。再有，总统的交替制度没有完善的规定。因之，君主制较共和体制为宜。

其实，古德诺此文只送给袁世凯作为个人参考的密件，是有感于当时国民党议员所控制的国会抓权过甚，违背了三权分立的平衡原则，而对中国政治形势发表的议论。却被帝制派利用来鼓吹中国民智卑下，难以建立共和制度，最好还是采用习之已久的君主制度。袁命将其译成中文在上海《亚细亚报》发表。由此帝制问题开始公开化。

古德诺回到美国担任霍普金斯大学校长，本有着极为光明的政治前途；不料因一篇文章不但被中国社会各界精英所指摘，也遭到美国学术界和政界的置疑，竟然使其失去被提名总统候选人的机会。

有人诟病古德诺此文为帝制张目，实在是浅薄之见了。其实古德诺的理论并无可厚非，君宪制与共和制本来就不分轩轾，英国、美国就是明显的例子，这要视历史条件而论。

1915年8月10日，不甘寂寞的杨度谒见袁世凯，谈及袁交代要组织一机关来鼓吹君宪制的事情。袁说：“不妥，外面知道我们的关系，会以为是我指使的。”杨度说：“我主张君宪已有十几年，此时如办君宪，我是最早的人，而且这是学术自由，大总统不必过虑。”接着，又反复论述自己的观点，语气颇为激昂。袁只好说：“那么你和孙少侯(毓筠)等人谈谈吧。”袁的本意不愿意叫杨度出面，因为杨度和他的关系太深，容易授人以口实。而且，从学术、名气各方面来看，杨度的分量毕竟还差一些。但杨度怎么肯把这天大的功劳让给别人，再说，他惨淡经营了十多年，等的就是今天的机会。所以，他当仁不让地要自己担纲这个“学术团体”。实际上，知情者看杨度与袁的密切程度甚至不如公府秘书林长民，自然就更不如袁的智囊杨士琦了。

杨度还是趁此时机，拉拢了几个和他有关系的名流，即孙毓筠、严复、刘师培、李燮和、胡瑛五人，成立了“筹安会”——为迎合国民希望安定的心理。其中孙毓筠、李燮和、胡瑛本是同盟会的元老，辛亥革命时也曾出生入死，如今情过境迁，要来凑洪宪的热闹了。严复、刘师培则是学术界的大师。筹安会本打算 8 月 21 日举行成立大会，又恐怕有阻力，便于 8 月 14 日发表声明，不等举行大会先行成立。

事起猝然，并没有事先得到袁世凯的同意，而且，袁认为“筹安”二字不能起到号召作用，颇有不嫌之意。8 月 23 日，杨度不等各省代表来京，即在石驸马大街挂牌成立“筹安会”，发表宣言。自行决定以杨度为理事长，孙毓筠为副，其他四人为理事。不过包打包唱的还是杨度一人而已。

筹安会在成立启事中，引用古德诺文章的论点，认为“君主制优于共和制”，“中国亟需君主制”。次日，古德诺召开记者会，为自己和自己的文章声辩，说他并无中国一定要实行帝制的意思。但此时他的历史作用已经完成，也没人再注意他的言论。

筹安会的发起宣言中宣称：要以“中美、南美各共和国及葡萄牙、墨西哥争权病国为殷鉴。且外人之爱中国者，犹以无偏之见，陈诸吾人之前；吾国民对此重要问题，安可不求根本之解决？”因此吁请国民入会，讨论国家前途、共和政体之利弊等。

筹安会在寄给各地的通知中，宣言：“本会宗旨在研究君主、民主国体，二者以何适于中国，专以学理之是非与事实之利害为讨论范围，此外各事，概不涉及。”筹安会中除了杨度著有《君宪救国论》三篇，刘师培还著《国情论》，鼓吹君主制度。

虽然筹安会标榜学术研究，却直接向各省将军、巡按使发电，请代为招募会员。并邮寄发给各省代表表决纸一张，通告会员：“本会原拟俟各省代表到齐，定期开会，现因入会者接近万人，会场难觅，不得已用投票议决之法，请于表决票上填写君宪或共和二字，本会即据票数多少，以为议决标准。”该会学术团体忽而变成表决国体的机关,不知杨度这个宪政专家,眼里还有没有法律。

明白中国国情的人谁敢在这个时候唱反调?于是各省将军、巡按使,各部门总长、部员的赞成电、劝进电如雪片飞来,并纷纷派代表到北京,加入该会。一时间,阿从附和,唯恐失此攀龙附凤的大好良机的人们纷至沓来。湖南、湖北、吉林、安徽、南京还纷纷成立分会;广东也立起一个"集思广益会"——这乃是梁士诒背后操纵,不愿意附属于杨度之流的意思。其他的省会、商埠均驻有专员代为联络;甚至东京都有变相的筹安会组织,由蒋士立负责,一面监视留日学生,一面鼓吹帝制。中央大员里除黎元洪、段祺瑞、徐世昌等人表示消极外,其他人都是争先恐后地表态拥戴。地方军政首脑除冯国璋、张勋略表迟疑,其他人也是不旋踵地发表通电劝进。

再说,筹安会发出去的选举票很快集拢起来。8月28日,开票的结果,各省代表竟无一例外地一律填写的"君宪"。

杨度等人本打算等到各省代表到齐,开会决定后,即行呈请袁大总统执行。但是该会并非法定机关,没有呈请执行的资格。若是由国民会议决定,则召集尚需待时日,于是改变方针,拟由各省代表以公民资格请愿于参政院。然而各省代表未能尽快到京,而代行立法院的参政院定于9月1日开会,于是筹安会又改变手续,组织公民请愿团,由各省旅京人士分头组织;所有请愿书一律由筹安会起草,以便参政院开会时呈送。

参政院开会讨论各地请愿一事,将要交付审查。1915年9月6日,袁世凯派政事堂左丞杨士琦莅临参政院,代其发表声明,其中说:

维持共和政体,尤为本大总统当尽之义务。近见各省国民纷纷向代行立法院请愿改革国体,于本大总统现居之地位,似难相容。然本大总统现在居之地位,本为国民所公举,自应仍听之国民……以本大总统所见,改革国体,经纬万端,极应审慎,如急遽轻举,多所窒碍,本大总统有保持大局之责,认为不合时宜。至国民请愿,不外巩固国基,振兴国势,如征求多数国民之公意,自必有妥善之上法……

肃政厅以为大总统真的不同意帝制——他们却忽略了最后的几句话，遂于9月9日，呈请总统取消筹安会，因为自该会成立后，各地谣言蜂起，怕引起国本动摇。袁世凯亲自拟稿批答曰——讲学家研究学理，本可自由讨论，似不便对此加以干涉。肃政厅这才明白是"庸人自扰"了，此后只好三缄其口，不再多嘴了。

不过，该会成立一个多月，未曾开过一次会议。开始时由少数人操纵，发电、发函，广为号召；随后又由各省代表会议进行，既闻不出丝毫的学术团体味道，也不见任何学术性的研究结果。筹安会投入这么多的人力物力，需有足够的财力支援才能办到，但这是不用发愁的。该会成立之初即得到二十万的资助，以后还可随时接济。

在南京的冯国璋听了"筹安会"成立的消息，心中气愤难平："唉，总统哪里把我当作自己人？"

其实，筹安会不过是制造舆论的表面文章，并无资格真正参与密晤。而且，一群热衷的从龙之士，争功邀宠，后来居上，遂使筹安会渐渐黯然失色。说起来，筹安会的几个头目都是书生，不免有"秀才造反，三年不成"之讥，成立以来，只是拍了几个电报，打造了几个三角形的银徽章，其余的就是开了几个谈话会，买了几篇鼓吹的文章，却没见干出一件惊天动地的事情。再有，那孙毓筠、严复、刘师培、胡瑛四人都是鸦片瘾极大的人，一天倒要做半天的梦，哪能做什么事情呢？待雄才健力的梁士诒组织了"请愿联合会"后，袁世凯也喜新厌旧，对筹安会失去了兴趣，以至声势大减，连发起人去领取经费补贴都困难了。

不过，为了酬赏杨度鼓吹帝制的功劳，1915年12月21日，袁世凯封他为"文宪公"，只不过杨度看到那时形势不利，没有张扬，所以知道此事的人很少。

2 试探元老们的意见

筹安会不过是袁世凯放出的试探气球，看看外界的反应到底怎样。果然，李燮和的族弟、湖南省议员李诲上书总检察厅，请求以煽动内乱罪，惩治筹安会诸人；又有湖南人贺振雄上书肃政厅，主张拿办杨度等，明正刑典，以正国是。肃政厅和总检察厅不知道当局是什么态度，要先去摸摸底。自然这种事情不能直接问总统，只好找到既是总统好友，又是政事堂国务卿的徐世昌。岂料，那老徐最是滑头，绕开圈子打起太极拳。也不说谁是谁非，只是告诫下面莫要多事。气得总检察长罗文干一纸辞呈递了上去，飘然南下了。其实，这李诲、贺振雄不过是想要一鸣惊人，借此以求显达而已。经过杨度派人拉拢，李燮和从中斡旋，二人都被招安了。

袁大总统何在乎一个小小的罗文干，不过朝中大老们的意见，他还是要重视的。

张謇闻知筹安会成立，故意来见袁，问他对帝制的意见如何。袁推说“身受国民委托，绝不参与帝制”。张謇又追问：“若是国民推戴总统做皇帝，又该如何呢？”袁又说：“我如今身为总统，已经是牺牲一身了，怎么能再牺牲子孙？若真这样，我便去英国做寓公，好在我在英国已置有薄产。”张謇还不罢休，问：“总统若不俯顺舆情，岂不置生灵于涂炭了吗？”袁勉强地说：“中国有做皇帝资格的人很多，第一是宣统皇帝，第二是孔子后人，再不然找一个明室的后裔，如内务总长朱启钤、直隶巡抚朱家宝、浙江都督朱瑞，都有做皇帝资格，何必要我呢？”张謇笑着说：“既然朱瑞可以考虑，那么唱小生的朱素云、唱青衣的朱幼芬、唱花旦的朱桂芳都有资格当皇帝了？”这话传出去后，有人给朱素云写诗一首：

历数朱苗到汝身，都城传遍话清新；
不须更说华胥梦，漳水潇潇愁煞人。

李经羲也来劝袁世凯：“阁下以雄才大略见称中外，今天何必非要冒天下之大不韪，想要当皇帝呢？国家利害，人心所向全不考虑。如果事情真的这么容易，当初我祖李鸿章早就做皇帝了，哪里还有你的份呀？只可惜阁下几十年的声望，被一群小人所愚弄，毁于一旦，实在是可惜。”袁世凯听了，脸上很是下不来，于是正色道：“这件事实在是关系重大，必须经过全国公民的同意方可决定。”

徐世昌为人城府极深，经验老到，他遇事常居于幕后，其态度最难以叫人猜测。从内心来讲，徐对袁帝制自为可能是赞成的。只是他对帝制的前途究竟如何，也没有十分的把握，所以他自己决不在行动上有所表示，一切全由其亲信朱启钤出面进行。袁曾当面问过徐："外间劝进的事，大哥知道么？事情可行么？"徐沉默许久说："我不知道此事。"袁说："外间喧嚷了很长时间，你哪能不知道呢？"徐答以《四书》的一句话："知之为知之，不知为不知。"袁和他相处已久，知道他是观望的意思，也就没有再问。

这时袁世凯的老友严修来到北京，苦口婆心地百般劝说他不要冒险实行帝制。严修说："总统在辛亥年攻破汉口、夺取汉阳时不实行帝制，失去第一次机会。癸丑之役后，不乘机称帝，失去第二次机会。如今民国实行四年，人民已经逐渐习惯，总统骤然返回帝制，实在是一着险棋。为总统设身处地着想，还是慎重一些为好。"袁似乎受到感动。

几个前朝耆硕的表态是袁氏必须考虑的，遂有9月6日，杨士琦代表他到参政院发表声明的一幕。

杨度在这之后去找张一麐。杨对张说，他与总统交往的时间毕竟不如张跟随总统的时间长（张一麐自从小站时代即是袁的幕僚），他想问一问，总统的性情到底怎么样？张反问道，杨君何故问这样的问题呢？杨似乎满肚子委屈地说，当初他本想回湖南去，是夏寿田告诉他，总统有大事要他出头，实则筹安会一事他也是被动的。言外之意，他被老袁的一番表白弄糊涂了，想来摸摸总统的底牌是什么。张一麐本不满杨度所为，乃吓唬他说，你该知道前清预备立宪的事情，事先是坚拒，事后则翻然变计，一百八十度的大转弯。将来万一来个诛晁错以谢天下，你为此事可要掉脑袋的啊！

杨度将这一情况报告给在小汤山休养的袁克定，这位瘸大爷做太子的心比他老子还急切，便急匆匆回到城里，在团城召开帝制派几个人会议。在会上，袁克定谈起有人反对帝制，怒形于色，激动地挥舞手杖把窗户玻璃全都打碎，觉得还不解气，又举起大瓷瓶把穿衣镜砸碎，吓得与会的人噤若寒蝉，不敢出声。严修闻知后，当晚跑回天津，以后袁世凯多次请他进京，他都敬谢不敏，不再跨进京城一步。

一个叫费树蔚的肃政史是袁克定的连襟——二人都是吴大澂的女婿，在彰德时即是袁的侍从，这时也来劝告袁克定，告诉他民为社稷之本，行帝制违反民意的道理。可是没等费说完，大太子怫然而起，说：“什么是民意？我只知道训练十万精兵，就可走遍天下无敌手。别人来说这话还罢了，你是我连襟兄弟，怎么也说这话？”然后拂袖而去，把费弄得尴尬已极，不久就出京去了。

3 筹安会六君子

（1）杨度

杨度

杨度（1875—1931）字皙子，湖南湘潭人，自幼丧父，由叔父杨瑞生抚养成人。杨度及其妹妹都受教于国学大师，时任衡山书院院长的王闿运，有才男、才女之称。光绪二十三年（1897），杨度中举后仍在书院读书。这年，梁启超在长沙创办“时务学堂”，提倡新知识，湖南巡抚陈宝箴、臬司黄遵宪、学政汪标、徐仁铸以及谭嗣同、唐才常、熊希龄等人大谈新政。这股风气很快传到书院里，杨度是年轻人，很快受到新学的感染，不再死抱着经书去研究春秋大义了。不久，杨度不顾其师反对，去日本留学。因他家中有钱，他又善于交际，所以他的住所里，每天宾客如云。他主编了一个刊物，时常发表政见，所以在留学生中声名鹊起，连国内一些开明的督抚都知道其人。

当时朝廷也标榜新政，地方大吏即使心里不以为然，表面上也要迎合潮流，遂争相延纳日本留学生。其中四川总督锡良尤为欣赏杨度，推荐他参加了光绪二十九年（1903）的经济特科考试。他的卷子受张之洞的激赏，与梁士诒分列在取中的148名的前两名。杨度本想大展其才华、抱负，不料因军机大臣瞿鸿禨说梁士诒的名字是“梁头康尾”（康有为本名祖诒），一句话，考试结果取消不说，还被指为亲日派，连在国内的立足之地都难找，只好再度流亡日本。杨度热衷政治，笔头、口头全都来得，又好交际，况且杨度受张之洞的知遇，身负“特殊使命”，自有一笔特殊的“经费”。于是，他和范源濂二人被推为东京留学生会的正、副会长。他的住所俨然成了“留日学生俱乐部”和“湖南会馆”。后来在中国民主革命中有些名气的人，如黄兴、宋教仁、蔡锷、刘揆一等人几乎都是他的座上客。

杨度自称在乃师门墙之内，独得其师“帝王之学”的真传。据说，真正的帝王之学是秦末之际黄石公授予张良的所谓“治平之术”，而杨度的那一套不过是苏秦、张仪的捭阖权谋，揣摩反应的“纵横术”。正邪不同，成败自然不问而知。杨度在认定清廷已不可救药之后，总想物色一位真命天子，辅佐其取天下，自己好成就出将入相的功业。这也正是他后来帮助袁世凯鼓吹洪宪帝制的根源所在。

杨度当时以研究宪政著名，当时清廷官员、留学日本的官绅无不慕名与之结纳，他的交际时间倒比读书时间为多。其实，他那时不过二十几岁，整天忙于应酬，学问又能够专到哪里？

杨度是个性情游移、急功近利、纵横百变、善于投机的人物。他一度也是个革命派，曾回国参加了以湖南人为主的“华兴会”，并参与过刺杀铁良的激烈行动。但行动失败，遭到通缉之后，便改变初衷再度流亡日本。

1905年，孙文看到杨度的能力和才智，很想拉他进同盟会，一起革清廷的命。杨度经过那一番惊吓，不敢再轻谈“革命”二字，遂以革命的破坏性太大为由轻轻地推了开来。他认为革命不如君主立宪来得稳妥；但是，他又决不苟同康、梁的保皇党。因为他的君主立宪和康、梁的君主立宪不是一码事。再说，他绝不能忍受接受别人的领导，便一心在当时的君宪派、革命派之外开辟第三条道路。

1905年7月间，由袁世凯领衔，会同赵尔巽和岑春煊等联名出奏，请朝廷派亲贵大臣出洋考察宪政，并于十二年后实行立宪政体。袁世凯热衷立宪还有他自己的一番考虑——因为戊戌年因告密一事他把光绪皇帝给得罪了，眼看慈禧太后步入暮年，将来皇上掌了大权，一句话自己的脑袋就得搬家。如果立了宪，有国家大法管着，皇帝也不能乱来，自己的生命不就有了保障了？

再说，慈禧太后最怕听见“立宪”二字，干脆把折子留中不发。袁世凯危言耸听地对她说，如果不考虑立宪，恐怕有革命流血之事。慈禧虽不喜欢宪政，但觉得革命更可怕，权衡利害的结果，不如还是立宪。在朝内外舆论的逼迫之下，慈禧不得不做出纳谏的样子，于是派辅国公载泽、户部侍郎戴鸿慈、兵部侍郎徐世昌、湖南巡抚端方、商部右丞绍英等人先行到欧美各国考察。但是，慈禧还是不愿意听到“宪政”这个字眼，便改称考察政治。

慈禧太后，她旁边的是容龄

五大臣于1905年9月24日启程，不料，早晨九点火车将要从北京火车站发车时，侍卫发现两节车厢联接处有一个可疑的人。侍卫正在盘问时，由于火车的震动引爆了这位革命党人怀里的炸弹，刺客当场丧命，载泽和绍英受伤。绍英头部受伤较重，用纱布包裹起来；徐世昌则雇了一辆东洋车飞奔而去。端方指着二人说：“你们瞧，这真是抱头的抱头，鼠窜的鼠窜。”事发后，袁世凯一面委派赵秉钧、杨以德进京协助破案，一面建议设立巡警部。经过袁的保荐，徐世昌为巡警部尚书，赵秉钧为右侍郎。后来得知，那位行刺的勇士是安徽桐城的世家子吴越。因为是有罪之人，名字上面要加一偏旁，成了樾字。清朝统治者经常耍这种把戏，例如，把孙文写成孙汶，等等。虽然遇见行刺的一幕，五大臣到底还是成行了。只是徐世昌和绍英换成了李盛铎、尚其亨两人。五个人在欧美走马观花转了一圈，还是随行参赞熊希龄帮他们出主意，应付过去了这次考察任务。熊希龄（1870—1937）字秉三，湘西凤凰厅（后改县）人。戊戌变法时，以新党嫌疑被清廷“发交地方官严加管束”。后来，因“兴学有功”开复了功名。端方保举熊做了考察团的随行参赞，熊希龄知道这五个人花天酒地倒是可以，对宪政恐怕是一窍不通。便建议他们请一个精通各国宪政的专家代笔写出文章，将来好向上面交差。五大臣就请他帮忙帮到底，找一个这样的人来。熊便找到他的湖南同乡杨度，杨度也乐于借机显示自己的学问，就一口应承下来。杨度自知自己对各国宪政并不熟悉，又请来梁启超。于是杨度写了《实施宪政程序》，梁启超写了《东西各国宪政之比较》，作为五大臣的考察报告。

1906 年 7 月，五大臣奉西太后之命提前回国，杨度的文章还没有到，熊希龄又替他们出主意，叫他们以“考察东南民意”为名，在上海再逍遥几天。等到文章一到，五人润色一番，正式向政府提出立宪的建议。清廷在御前会议上，颁布“预备立宪”的诏书，成立“宪政编查馆”。由端方的推荐，杨度被赏以四品京堂衔，任编查馆提调。适逢杨度因叔父去世回国，他先到湖南老家探望一番，又以做生意亏本为由，推托北上。结果敲了一笔竹杠之后，才进京。

袁世凯为了转变朝廷和满人亲贵们对宪政的误解和敌视，请刚刚回国的杨度在颐和园举办讲座。那些害怕立宪后，皇族会失去尊荣的亲贵们，听了杨度的讲解：“立宪是君主万世一系的不二法门，否则，必有难以阻止的革命浪潮”的道理，吓得噤若寒蝉，不敢再反对立宪。在讲课时，福建才子郑孝胥还闹出一个笑话。他说：“立宪救国不如借款救国。”问他什么道理，他回答说：“把外国的钱都借光，我们富了，他们穷了，还不是救国吗？”——可见那时中国人，即使是知识分子，世界知识也是出奇的贫乏。

杨度以研究宪政专家的面目出现，但是却解决不了朝廷中关于如何立宪的争论。张之洞讲求考据，认为宪法必须合乎本国的传统法制；而袁世凯则主张，只要能够富国强兵，不必墨守成规。张、袁是两个汉员军机大臣，杨度自然哪个也不敢得罪，所以讲来讲去还是无所适从。杨度此番回国，本想投靠他的拜门老师张之洞，可那时张已经七十有余，而袁尚不到五十，又有亲贵尤其是庆亲王奕劻的后台，善于审度形势的杨度便把自己的前途寄托在袁的身上。袁世凯既然以立宪为己任，杨度精通宪政，无党无派地位超然，正是他所希求的人选。杨度也想物色一个可堪辅佐的人物，以施展自己的帝王之术，所以二人一拍即合，从此结下深深的政治渊源。

张之洞与
英国军官合影

1911年4月，庆亲王奕劻组成责任内阁，杨度以四品京堂任统计局局长。实际上不过是个闲差，于是杨度整天忙于立宪活动，创办《中央日报》，成了一个小小的派系。

武昌起义后，汪精卫被释，杨度立即与之结交，因为汪是革命党的元老，和孙文、黄兴等人都有交情，所谓借重名人提高自己的知名度也。在奕劻的授意下，组织了一个“国事共济会”，老庆还资助了他一百万元，嘱他务必设法维持君主制度。杨度向资政院提出“国事共济会”的主张：停战，举行国民会议。资政院议员以为此建议毫无意义，被搁置不理，南方也不响应，该会遂无疾而终。但老庆那一百万也没了下落，庆亲王是个锱铢必较的人，因此心里非常不痛快。

袁世凯成立内阁后，相中一贯主张君主立宪的杨度。在南北和谈时，袁世凯派杨度前往上海，配合汪精卫里应外合地进行软化同盟会的工作。杨度和黄兴本是在日本时的老相识，便在会上会下反复和黄兴磋商——双方停战，清廷退位，推举袁为大总统。杨度还散布空气说：“现在的南北议和，不是革命党和清政府议和，而是革命党与袁世凯议和。袁世凯现在可满可汉，如果把他逼得紧了，他何尝做不得曾国藩？只要袁的问题解决了，你们的革命事业也就大功告成了。”杨度巧舌如簧，使得一些君宪派的人们主张对袁采取“绥靖”政策——他的“纵横术”真的派上了用场。本来，杨度携有“国事共济会”巨款，以联络各方面势力；现在他居然只凭两片嘴皮就把方方面面摆平了。于是，他除了在十里洋场上尽情享受一番外，又溜到青岛为自己置下地产，买下洋房。他以为替老袁立下不世之功，揩一点油也不算什么，谁知侦探们已经把他的行径如实报告给老袁。庆亲王也向老袁告了一状，说杨某人侵吞巨款等。袁世凯虽然并不在乎那几个钱财，但他最不能容忍的就是背着他搞小动作，从此鄙夷杨度其为人，对他渐渐冷落起来，他还懵然不觉。所以，杨度不但未能入阁，连个铁路督办都没捞到，袁只派他为汉口商场督办。

1913年，国民党二次革命失败后，一时哄传有杨度组阁的说法。杨度也自命不凡，急欲施展自己的抱负。不料，进步党与袁世凯合作，提出熊希龄的“名流内阁”，把杨度晾了台。11月，“政治会议”成立，本来内定杨度为议长，谁知半路跑来一个李经羲，又把杨度到手的席位抢了去。1914年，设立政事堂、国务卿，杨度本以为这次总该有望，结果徐世昌却捷足先登，气得他把铺盖从中南海搬了出来。这时，帝制已在密谋之中，杨度并未参与其中。

此时的杨度好不无聊，只好暗中观望风色，想找机会击退这帮老官僚，另创出一番格局，来实现他“元辅首功”的欲望。于是，他看上了袁克定。袁克定此

南北和谈时的北方代表唐绍仪

南北和谈时的南方代表伍廷芳

人粗犷无谋,杨度很容易地成了他的谋主。

杨度寄身为袁克定的智囊,又笼络了公府里面的夏寿田做内线,内政外交的底蕴、袁世凯的喜怒哀乐,他琢磨得一清二楚,也把袁氏父子的五脏六腑看得表里透澈。他便从容献策,幕后授计,要在袁记势力的大圈圈内,另外制造一个小圈圈。

杨度被得宠的梁士诒排挤得跑到了青岛。在全国密切关注政府与日本谈判《二十一条》的时候,杨度静极思动,于 1915 年 3 月间写了一篇《君宪救国论》的文章,通过公府内史夏寿田转交给袁世凯。其要点是共和不能立宪,只有君主才能立宪,与其共和而行专制,不如立宪而行君主。袁看了之后正合自己称帝的胃口,遂击节称赏,马上转给梁士诒、徐世昌。但此二人皆对杨度抱有成见,不赞一词,袁又交给在湖北的段芝贵,叫他秘密付印,发给各省文武长官阅读。为此,袁于 3 月 18 日授予杨度勋四位,后又亲笔题匾“旷代逸才”送给杨度。接着,美国人古德诺、日本人有贺长雄都写有文章,鼓吹帝制,为筹安会酝酿了出炉的氛围。

(2)孙毓筠

孙毓筠(1868—1924),安徽寿州人,是清末寿州相国大学士孙家鼐的侄孙。孙的为人思想飘忽不定,好见异思迁。他中了秀才后,看做官挺威风,纳资捐了一个道员,曾任职南京。后来看佛经入了迷,又一度想遁入空门。1905 年,受到吴樾谋刺五大臣的激励,他再次改变主意,决心参加革命。1906 年,他全家东渡日本,加入同盟会。当时同盟会经费极困难,孙毓筠家产几乎全都奉献给了革命,他当时在同盟会中的地位仅次于孙、黄。1906 年,孙毓筠与其同志回国,到南京策动新军起义,因叛徒出卖而被捕。当时端方(1861—1911)为两江总督,端方给孙家鼐写信告知此事。孙家鼐回信说:“替我严加管教这个不争气的小子!”言外之意,刀下留人。端方看在孙家鼐的面子上没有杀他,同时与端方很有交谊的杨度也从东京来信,为孙说情,端方只判他五年监禁。实际上孙一天也没有入狱,被端方安排在自己衙门的后花园中读书反省。

南京光复后，孙毓筠被张人俊释放。旋即被任命为革命军江浙联军总部副秘书长（于右任为秘书长），此时，安徽已经独立，孙毓筠被推为都督。但是，安徽地处交通要道，各路人马都来相争。孙中山在南京就任大总统之后，以柏文蔚代孙为安徽都督，因此孙毓筠心中衔恨孙中山。南北统一后，孙毓筠到北京，袁世凯极力拉拢，先是把自己在锡拉胡同的住宅赠与孙，又把端方（已在辛亥年被杀）的小妾赠给了孙，孙毓筠从此死心塌地地为袁卖命。袁先是聘他为公府高等顾问，月薪八百元。后来又提名他为陆征祥内阁的教育总长，但未获通过。

二次革命时，孙毓筠和曾经做过镇江都督的福建人林述庆一起成立“国事维持会”，名为调和南北，实际上为袁政府效劳。孙后来又任“约法会议”的会长。林述庆在辛亥革命时曾率领镇江军队围攻南京，也立下出生入死的功劳。但是孙中山并未重用，于是林在和孙毓筠一样心理的驱使下，投入袁的怀抱。当宋教仁案发生之后，林因出言不慎，得罪了当局。一次在赴总统府的宴会后，浑身起满紫疱，中毒死去。

孙毓筠入了筹安会之后，一切都由杨度包打包唱，只能做些敲边鼓的角色，孙毓筠自命精通佛典，便于1915年10月，延请了安庆迎江寺方丈、湖北黄冈籍的月霞和尚到北京安徽会馆讲经说法，为帝制造势。谁知，这位月霞大和尚专讲“欲念”一章，说，万事起于欲念，万事也败于欲念。要想平息世间干戈，惟有消灭欲念。帝制派诸公越听越不对劲，段芝贵大骂，这湖北老秃驴借口说法，讥讽当今，干脆把他送到军政执法处去算了。孙毓筠听了，急忙把月霞送走。人们讥诮说：皇帝做不成了，和尚也跑了。

（3）严复

严复（1853—1921）字幼陵，号几道，福建侯官人。14岁以第一名考中沈葆桢所办的福州船政学堂，有神童之称。四年毕业后，在军舰上实习。1877年赴英国格林威治留学，学习海军，每次考试都名列前茅，被当时清政府驻英国大臣郭嵩焘所赏识，二人成为忘年交。1879年，严复学成归国，却不受重用，只好再钻八股，走科举的路子。直到1909年57岁时，才得到一个“钦赐

严复

文科进士”出身，弄得自己也是哭笑不得。1880年,严复在李鸿章创办的北洋水师学堂任总教习，后升任总办(校长),长达20多年。

李鸿章虽然礼聘他为教习，不过点缀而已，却并不真正重视他。一次，严复向李进言，中国要富强,非采西方之长不可;接着,又把物竞天择、优胜劣败、适者生存的道理讲了一番。谁知，李鸿章素有傲视群雄的“中堂脾气”,一面抽着水烟袋,一面把纸捻子向严复一举,说道:“你们留洋的人自然一通百通,无所不通,可就是一件,对于中国的事务不大通。你就说这个东西吧,西洋管它叫什么？”说着把纸捻子抖了两下。把严复问得张口结舌,李则哈哈大笑,端茶送客。

戊戌年四月,光绪皇帝曾召见严复,严退下后上万言书,详论兴国大计。不料,那些当朝大臣昏聩颟顸,自己糊涂,反怪他人明白,遂把他的上书搁置起来。严复灰心之余,并不赞成康梁的主张,说他们“鲁莽灭裂,轻易猖狂,驯至幽其君,杀其友,己则逍遥海外,还巧立名目以敛财欺人,恬然不以为耻”。

中国的儒学大师都是有些脾气古怪的人,章太炎是如此,严复也是如此。严复向来好标新立异、与众不同,别人说东好,他偏说西好;等到别人说西好了,他又说西还是不如东好。论起来，严复与袁世凯是老交情了。他在天津任北洋水师学堂时就与袁相识，而且二人关系相当密切。袁世凯任直督时，慕其声名，礼聘再三，严却说：“袁慰亭只是做官不能做事的材料，如何能用我？”后来,袁被开缺后,严又说:“袁慰亭的才干,也算是一时之选,从前许他是朝廷柱石,现在又奈何自毁栋梁。”当别人吹捧袁会练兵时,严复又说:“他练兵几十年,不过养成一帮骄兵悍将。”民国建立后,袁世凯听说严复曾对他表过同情,便聘他为京师大学堂监督(校长),后又聘为总统府外交法律顾问、参政院参政、宪法起草委员会委员等闲职。严复自认是海军人才,所以1912年刘冠雄做海军总长时,他曾自愿降格为副,以图施展一己之长,把海军建设得像样些。哪想袁会错了意，以为严是不甘寂寞，批了个“断不可行”，令严老先生徒呼奈何。

严是学者参政，并无野心，杨度请他参加筹安会，正是看中他这点。

严复列名筹安会是袁氏父子钦点的，因为梁启超表明态度不拥护帝制，章太炎那时又被袁软禁在北京，所以只好找严复来装点门面。

杨度曾三次登门拜访严复，请他列名筹安会，严既没有同意，也没有拒绝。杨度就霸王硬上弓地把他拉了进来。其实，严复一次筹安会的活动也没有参加，杨度等人也不需要他参加，不过借重他的一块名牌足矣。严复一生最大的嗜好是“赌”和“抽”。他在北洋水师学堂任职时才三十几岁即染上毒瘾，1890 年前后，他的上司李鸿章曾劝他戒除鸦片，严复虽然没能戒掉烟瘾，心里却着实感激李鸿章。他上赌桌动辄上万，鸦片抽起来，也是昏天黑地，如此这般一来，严老先生的钱袋子总是空的，袁大总统可能看中了这点，所以予取予求，严也就听之任之了。严复晚年回到福州，身患哮喘、肺心病，夜里睡不着觉，痛苦不堪，曾请别人代为转告青少年说，如果世界上有魔鬼的话，那鸦片就是魔鬼。

(4)刘师培

刘师培(1884—1920)字申叔，江苏仪征人。出身书香世家。刘 19 岁中举，被保荐知府，曾任学部谘议官。他一生致力于国学研究，尤其精通音韵训诂学。章太炎极为欣赏刘的学问，颇有惺惺相惜之感。

刘师培早年也曾醉心于民族革命，曾改名光汉。1904 年加入光复会，一度想谋刺朝廷大员。1907 年，刘偕同妻子何震及何的姻弟汪公权去日本访问章太炎，三人一起加入同盟会。刘曾著文批驳梁启超的君宪立场。当时孙中山因接受日人捐款一事与章太炎等人发生误会，章遂掀起倒孙风波。刘师培追随章太炎之后，想罢免孙的总理职务，自己当同盟会的总理。幸亏黄兴顾全大局，说服同志，平定了一场内斗的风潮。刘又鼓吹无政府主义、社会主义等学说，并为马克思的《共产党宣言》中译本写序。

刘的夫人何震貌美多交，性嗜挥霍，于是被两江总督端方的坐探汪公权收买。刘师培也随之落水，并于 1907 年冬天在上海办理自首手续，成了革命队伍里的第五纵队。刘、何夫妇甚至在端方的指使下，想投毒谋害章太炎。事情败露后，他们不能在革命队伍中立足，便受聘为端方的幕僚，后一直跟随端方去直隶、四川任上。端方被杀时，刘被乱军扣压在资州，被章太炎、蔡元培等人保释出来。后来，因何震的关系，刘到山西阎锡山处任军署顾问。阎又推举他给袁世凯，1915 年，刘先后被袁任命为教育部编审、参政院参政，并授予“上大夫”。刘师培还给老袁上了一道四六韵的谢恩折，之后便和杨度一唱一和地为洪宪帝制造起舆论来。但是，杨度是想以帝师自居揽尽一切功劳的，不久刘也就消沉了。

在筹安会时，刘师培住的宅院楼台壮丽，几十个荷枪士兵为他站岗。每当刘回家时，他的马车一到胡同口，士兵们就大声呼喊：“刘参议回来了！”声声相递，从胡同口一直喊到宅门口。有人作诗讽刺道：

1905 年，在天津驻扎的德国军队

门前灯火白如霜，散会回来便举枪；
赫庆庭阶今圣上，凄凉池馆旧端方。

时人为筹安会六君子都取有绰号：杨度叫“莽大夫”，孙毓筠为“斜侯”，严复是“矮主簿”，刘师培为“国师”，胡瑛乃“成济”，李燮和的绰号最有意思——李龟年。

一次六人来到中央公园“来今雨轩”喝茶消遣，胡瑛问杨度：“外间人们都说我们是走狗，我们到底是不是走狗？”杨度不屑地说：“怕人家骂是乡愿，岂能任天下大事？我等提倡帝制是救国救民的事情。什么叫走狗？我是走也不走，狗也不狗！”孙毓筠说：“我不然，意志既定，生死以之，我是走也走，狗也狗！”严复道：“我来个折中吧，走则走矣，狗则不狗。”胡瑛颓然道：“我不能和严夫子一样，我是走也不走，狗也狗。”

帝制失败之后，刘师培虽然没有被定为祸首，但也着实惊吓了一番，仓惶跑到天津躲了起来，几乎到了三餐不继的地步。蔡元培先生笃念旧谊，仍请他回北大教书，可是刘这时有其心而无其力了。刘师培易箦之际，叹自己满腹经纶不能传世，便在病榻前受了黄侃之拜，收为入室弟子。刘师培死后，他的太太何震受刺激过深，先是想要出家当尼姑，后来则完全疯了，不久吐血而死。

（5）李燮和

李燮和（1873—1927），字柱中，湖南安化蓝田镇人（今为涟源市）。1898年考中秀才，1900年入求实书院，在学校中结识黄兴、蔡锷、刘揆一等革命同志。1904年加入华兴会，1906年又入光复会。李出身赤贫，1904年参加黄兴领导的长沙起义，起义失败后，李燮和流亡至上海。那时李衣衫褴褛，穷困潦倒。次年，李到日本留学，就读东京警官学校，经黄兴介绍加入了同盟会。1906年湖南萍浏醴起义时，李跟随东京革命党人回国参加策划。但是，起义旋即失败。李失去与革命党的联系，清政府又通缉他。在走投无路时，李找到一个机会跑到南洋教中文，因此在南洋华侨中树立一定的威信，遂在南洋华侨中开展革命工作。

1907 年春，陶成章到南洋，大力发展光复会，李燮和也加入光复会。在陶成章与孙中山的矛盾激化后，李燮和站在陶的一边，并重建光复会与同盟会对立。这时光复会反对武装革命，主张教育救国，与同盟会的纲领大相径庭。后来，在黄兴的劝说下，李重归同盟会，并一起参加了黄花岗起义。但是，很快陶成章与陈其美又起龃龉，李便回到湖南老家。辛亥革命开始后，李燮和被黎元洪任命为长江下游招讨使，专门联络驻淞沪一带的湘籍军人，策划他们反正。武昌起义后，上海的革命党人也起义响应，陈其美和李燮和分途进攻，李燮和策反的防营具有一定的战斗力。11 月 3 日，陈其美率民军敢死队攻打江南制造局，战斗中被俘。李燮和闻报，令防营向江南制造局进攻，将陈其美解救出来。

上海光复后，各路人马起初推举李燮和为都督。但后来陈其美依靠其帮派和地方上的势力，被拥为沪军都督，李只得到个参谋的虚职，因此二人几乎反目相攻。后来，李燮和自领队伍驻扎吴淞，自任吴淞都督，直接隶属黎元洪。以致江苏一省有五个都督（还有江苏都督程德全、镇江都督林述庆、淮阳都督徐宝山）。其后，革命军攻取江浙，李燮和的光复军也出力不少。可是，李治军不严，时有勒索、强取发生。

民国成立后，孙中山一度要北伐，李燮和被任命为北伐总司令，但手下并无军队，只好辞职下台。后来黄兴又任他为长江水师总司令，也不过是个光杆司令。临时政府授予他陆军中将，勋五位。可是这些东西对他来说无异于画饼充饥。最后，李燮和拒绝了一切无用的荣誉，挂冠而去，回到家乡。

二次革命时，李燮和曾到北京以调和南北自命，电劝黄兴适可而止。1913 年 8 月，李燮和应袁世凯之邀，进京就任总统府高等军事顾问，实际是羁縻之意。不料，他落脚未稳，即有过去的革命同志龚先耀弹劾他侵吞公债，以及在淞沪军任内的贪渎、扰民旧事。李在惊恐之余被杨度拉进筹安会，做了一个无足轻重的小角色。

(6)**胡瑛**

胡瑛(1889—1932)湖南桃源人。1904年,年仅15岁的胡瑛就投身革命,参加了黄兴的华兴会,后被黄兴介绍去武昌当兵。早年,胡瑛专以暗杀清廷的达官贵人为革命目的,刺杀出洋五大臣的吴樾就是胡瑛在暗杀团的同志。他曾与人密谋刺杀当时的户部尚书铁良,但临阵胆怯脱逃。这之后,胡瑛到日本留学,曾组织"日知会"进行反清革命。

1906年,萍浏醴起义时,胡瑛奉同盟会之命,回武昌响应起义行动。起义失败后,胡瑛被捕。胡在武昌坐牢的时候仍然不忘革命,参加了革命团体"文学社"。在狱中向狱卒们宣讲清政府的罪恶和革命的必要性。狱卒们居然奉其为神圣,胡在狱中还与一个狱卒谈国华的女儿订了婚。武昌起义后,胡瑛跑到军政府自任为外交部长,王正廷为其副。也不知道他这个外交部长都办了哪些外交?一直到伍廷芳被推举为革命军外交总长后,胡瑛才被撤销职务。黎元洪又任他为湖北代表,参加了革命军各省代表会议。不久,他又以南方代表团参赞的身份,参加了

1905年华兴会成员在日本留影。前排左一为黄兴,左三为胡瑛,左四为宋教仁,后排右一为刘揆一

南北和谈。临时参议院成立后,他被派为湖北省参议员。胡任外交部长时依旧留着辫子,别人劝他剪掉,他以有其他作用推脱。原来,他还想以辫子为掩护,去北京刺杀清朝的王公大臣呢。

1912年1月,孙中山就任临时大总统后,任命胡瑛为山东都督。但是,袁世凯以山东为自己的地盘,不许南方染指。所以,胡瑛只做了两个多月的都督,即于1912年3月被迫辞职。胡瑛卸职后去北京,袁世凯派陆建章率一团人到车站迎接,并发表其为新疆青海屯垦使。胡当了大官后,以娶一个狱卒的女儿为耻,便在长沙另娶。谈姓狱卒当然不干,以致引起重婚的诉讼。胡瑛想不到,他的婚事居然得到袁大总统的庇护。一次在总统府的宴会上,袁世凯对章宗祥说:"胡瑛的重婚案正在依法起诉,这个人我还有用处,你们不要为难他。"章宗祥连声称是。胡瑛遂同时娶了两个女人,享尽齐人之福。那时黄兴一心要拉杨度入国民党,便叫胡瑛去劝说杨度,不想胡瑛没能把杨度拉过来,反倒被杨度拉了过去。

胡瑛在北京呆了没有多久,便东渡日本"考察垦政"。二次革命时期,胡因不在国内,所以没有同袁闹翻。后来,胡在日本日子过得艰难,便决意回国。胡瑛原与杨度是老相识,就想投靠当红政坛的杨度。可是,今非昔比,当胡瑛再次进京时,杨度只叫了一个仆人把他接了回来。到了此时,胡瑛只好长叹:"时也,命也。"

胡瑛最后终于跑到"筹安会",为袁世凯鼓吹帝制去了。不过袁死后,胡瑛又重返资产阶级革命队伍。北伐成功后,他在山西阎锡山那里作客。1931年"九一八事变"后,他到南京靠朋友资助过活,乃至贫病无依,好不凄惨。但即使在这样的情况下,他还打算去日本做策反工作,不幸因病去世,也算是晚节可风了。

4《异哉所谓国体问题者》

正当筹安会大肆为袁世凯恢复帝制制造舆论之时,1915年9月3日,梁启超《异哉所谓国体问题者》的长文在《大中华》月刊发表,《申报》、《时报》等报纸竞相转载。在举国无人胆敢公开反对袁世凯的时候，梁启超登高一呼，率先吹响反袁护国的号角对袁世凯此时此刻恢复帝制进行了抨击。

此前，袁世凯得到消息，派人送来一张20万元银票，说是给梁启超父亲祝寿，交换条件是这篇文章不得发表。梁启超断然予以拒绝，将银票退了回去。袁世凯心有不甘，派人警告梁启超说："梁先生也曾经在海外流亡十几年，其中的苦头不是不知道，何必再自讨苦吃？"梁启超软硬不吃，回答说："我这个人疲于奔命的逃亡经验已经很充足了，我宁肯选择逃亡也不愿意在污浊空气中生存。"

袁世凯授意杨度组织"筹安会"本是为帝制制造舆论，可是，这个筹安会从未拿出一篇像样的文章。反倒是梁启超的一篇《异哉所谓国体问题者》引起了轰动，不但各地报纸转载，同时也成了人们议论的话题。杨度弄得灰溜溜，袁世凯也是灰头土脸。

二　紧锣密鼓——请愿联合会

1 梁士诒和杨士琦

梁士诒（1869—1933）广东三水人，1894年考中进士，1897年入国史馆任协修。1903年朝廷设经济特科，梁士诒名列榜首，杨度为第二。但是军机大臣瞿鸿禨说他的名字是梁（梁启超）头，康（康有为）尾——康有为原名康祖诒，于是取消资格不用。袁世凯听唐绍仪说起梁士诒是经济方面的人才，便延揽为北洋编书局总办。1905年，唐绍仪任京汉、沪宁铁路大臣，梁士诒为总文案，从此进入交通系统。梁对原来盛宣怀在铁路上的措施颇不以为然，他在接管铁路总公司时，将其制度扫除殆尽，因此梁、盛二人结下不解之仇。1906年，设邮传部，尚书林绍年任梁为五路（京汉、沪宁、正太、汴洛、道清）总提调，遂掌全国铁路大权。后来,又协助邮传部尚书陈璧设立交通银行。梁士诒在交通系统安插亲信,形成一个庞大的交通系。

1911 年,袁世凯被开缺以后,盛宣怀为邮传部尚书,梁士诒去职。

袁世凯复出之后,梁士诒当上邮传部大臣,援引叶恭绰、蔡廷干、周自齐等成为交通系的大将。后来梁士诒成为总统府秘书长,有“二总统”的谑称。梁所掌握的交通银行代理国库,发行纸币,筹措几千万的现金,瞬间可得,因此有“梁财神”的绰号。一次,袁世凯对他说:“财政窘迫如此,总要帮忙才好。”梁问:“只要大总统吩咐,多少就是多少。”袁说:“每月总有四五十万才好。”梁答:“那就是五十万吧!”由此可见梁士诒手段之一斑。

袁世凯的左右有粤系、皖系之分,梁士诒、杨士琦各为其首脑。

在此,说说杨士琦。

杨士琦和他的哥哥杨士燮、士晟、士普,士骧,弟弟士钧、士骢、士铨,人称“杨门八虎”,是安徽泗水人。甲午战争之前,李鸿章的哥哥李翰章做了几年两广总督,士骧和士琦就在他的幕府里,深得李翰章的信任。甲午战败,李鸿章失势,殃及乃兄被开了缺,杨家兄弟也各奔前程。等到庚子之后,李鸿章又做了两广总督,但是他以前的幕僚多已星散,得知杨氏兄弟熟悉广东情形,便搜罗于幕下。后来李到北京与外国人议和,他们兄弟二人也同到北京。李鸿章与外国人会谈时,有些情况必得与庆王奕劻联系,但是他身体已经不支,又实在讨厌那个昏庸的庆王,便派杨士琦去打交道,所以杨士琦与奕劻混得极熟。袁世凯得知这个背景,极力把他们兄弟俩留下,以备特殊之用。

杨士琦(1862—1918)号杏城,排行第五,人称杨五爷。他为人沉默寡言,机智有谋略,而且文笔极佳。庚子年的东南联保,杨士琦也是策划者之一。李鸿章重回直隶督府后,立即把杨士琦召来,倚为左右手。后来,袁世凯督直时也把杨士琦作为幕僚长,文章、奏折大多出自杨之手;而且重大决策均有杨参加,被称为袁的智囊。以后清政府创建商部,杨为参议,后升为侍郎。在此期间,杨在上海创立商会,参与修建京张铁路,宣抚南洋华侨等,政绩也是不少。杨士琦 1918 年卒于上海时,曾被提携的后辈新进痛悼不已。

人生都有两面,爱之者欲其生,恶之者欲其死。杨士琦混迹官场多年,得罪人当不在少数,所以负面的讥评也很多。有人说他虽然文笔不错,却是机变诡诈,不是个良善之辈。与他同乡的寿州宰相孙家鼐最厌恶他,说他是“小有才,性实巧诈。饥则依人,饱则远飏”。后来袁世凯和奕劻的勾结都是通过此人。

还有人说,杨士琦曾花巨金从西洋人处买到一种无色无嗅的药水,却能令人入口即死。有人传说,慈禧太后病危之时,在袁世凯授意下,杨士琦通过李莲英把药水给光绪皇帝喝下,当然这都是些不足证信的猜测之言。还有人说,赵秉钧、林述庆都是死于杨士琦的药水。

在辛亥年南北和谈时,杨士琦随唐绍仪到沪,和谈后留于沪上一年有余,不见动静。实则,1912—1913 年间袁政府对付国民党的计策多出于杨士琦之手。杨士琦一派与袁克定深相结纳,又有太子派之称。与梁士诒的粤派争宠,明争暗斗,互为水火。洪宪帝制时,两派便在鼓吹帝制上面大做文章,杨士琦鼓动袁世凯说:“此时万事俱备,只差一个钱。总统何不找梁财神商量,定有妥善之策。”袁遂对梁谈及,岂知梁士诒道:“我生不逢时,不幸早生三十年。科第则登翰苑,仕清则位居大臣。革命之后,躬亲赞翊共和,更受大总统恩遇,迭任要职。论私恩我复何言,若涉及国体,梁某不学,不敢置一词。”软软的一个钉子把袁顶了回去。袁对杨士琦谈到此事,杨趁机对袁说:“梁士诒是有做总统资格的人,岂能赞同帝制?”袁世凯为此极为忌恨梁,趁机于 1915 年 5 月免掉他的总统府秘书长职务。但是,梁的财神之誉并非浪得虚名,袁世凯还得借助于他,所以又任其为税务督办。

杨士琦借机倾轧,至使梁的左龙外放,右虎撤差,五路财神陷入大参案中,梁及其交通系的地位岌岌可危。为了挽回颓势,梁士诒不得不迎合袁的意思,比杨度更加起劲儿地鼓吹帝制,成立“请愿联合会”,自己躲在幕后,让沈云霈出面分谤。梁又在参政院里提出国民代表大会等议案,使帝制加速进行,终于恢复过去的宠幸——其实,袁世凯何尝不是受其揶揄呢?后来,帝制遭到全国反对,列强警告,梁知道大势无望,可是私愿已了,只是缄默不语。袁世凯在被各地反对浪潮弄得焦头烂额时,对人说:“梁燕孙此时怎么不替我出出主意呢?”

北京报纸有打油诗记其事:

粤匪淮枭摆战场，两家旗鼓正相当，便宜最是醒华报，销路新添几百张。

五路财神会赚钱，雷公先捉赵（指津浦局长赵庆华）玄坛，虽然黑虎（叶恭绰）威风大，也被灵官（肃政史王瑚）着一鞭。

梁士诒同杨士琦是冤家对头，他曾经说过："不怕袁项城，倒怕杨杏城（杨士琦字杏城），他人不知鬼不觉地下起毒来，实在不敢领教。"有人在他的大门上批了一副对联，曰："红杏枝头春意闹，乌衣巷口夕阳斜"，意在讽刺杨得意，梁则遭殃。

2 三次长参案和五路大参案

梁士诒多智能文，素怀大志，袁世凯也惧其几分，可是梁的势力已成，左龙右虎，外加五路财神——不但全国铁路由其掌握，就是财政命脉也大多在其手中，所以老袁拿他也没办法，一时，梁有司马懿之称。后来，因段世垣一案，梁受到猜疑，以至三日不敢入总统府。起初，梁士诒对设立政事堂一事并不赞成，反而在袁面前主张扩大总统府秘书处，直到袁世凯目不转瞬地盯着他看了半天，梁才意识到袁已经猜忌他了。

在帝制风越刮越烈的时候，袁的北洋旧部劝进唯恐人后，惟有几个人有不同意见，如段祺瑞公开反对，熊希龄等人对此有微词，梁士诒也不热心。袁最善于搞政变，便于 1915 年 5 月下旬制造了"三次长参案"。5 月 23 日，肃政使夏寿康弹劾财政次长兼盐务署长张弧。接着，又以购买武器，浮报四十万的罪名，弹劾陆军部次长徐树铮。此后，袁克定多次找交通部次长叶恭绰，叶却谢而不往。此即所谓"三次长参案"——陆军部、交通部、财政部三位次长被弹劾之案。

大太子乃授意原津浦北段总办，现肃政使孟玉双，及津浦路总稽核金恭寿拟定参稿，交肃政使庄蕴宽参劾。庄起先不允，太子说，这是主座的意思。袁克定又以政事堂名义，委派肃政使王瑚、蔡宝善赴津浦路秘密核查，罗列十项罪名，交肃政使参劾。1915 年 6 月 9 日，庄蕴宽弹劾津浦路局局长赵庆华（赵四小姐乃其女公子）贪污舞弊。18 日，袁令赵停职交平政院审讯。6 月 20 日，叶恭绰被撤职。随后，案子牵扯到京汉、京绥、沪宁、正太四路。京汉、京绥铁路局长关赓麟、关冕钧都在弹劾之列——人称“五路大参案”，即津浦、京汉、京绥、沪宁、正太五条铁路局长被弹劾。26 日，徐树铮被撤，以田中玉代之。

实际上，袁是敲山震虎，真正矛头对着段祺瑞、梁士诒和熊希龄三人。段祺瑞不为所动，死硬到底；熊希龄脱身跑到南方；只有梁士诒改变了态度。

梁士诒被闹得如堕五里雾中。还是梅兰芳牵线，邀梁去西山见到袁克定。

在此之前，袁克定为帝制一事曾试图借助进步党。

1915 年 1 月，梁启超应袁克定之邀，到北京汤山赴宴。当他到了那里以后，发现座上的陪客只有杨度一人。席间袁克定满面春风，礼貌有加，同对段、冯的态度截然不同。袁克定故意不经心地问梁启超：“近来外间议论纷纷，都说共和制度不合我国国情，不知卓如先生有何高见？”梁毕竟是在政坛混过的，知道这一问大有文章，便远远地绕开，答道：“我平生只研究政体，从不过

段祺瑞（右二）于1890年在德国学习军事

问国体。”袁克定也不好再问。梁回去以后反复玩味大太子的话，敏感地觉察到袁氏父子的政治动向，为避免是非，立即把家小安置到天津意租界，自己于3月25日离开北京，回广东老家去探望父亲。

袁克定看拉拢梁启超不成，觉出进步党不可依靠，便想倚重交通系。袁克定单刀直入地告诉梁，我想为五路参案缓颊，只须为变更帝制一事帮忙，如何？梁不敢说不愿意，只好回答说，回去和大家商量商量。梁回去后，当夜把他的交通系要员召集起来开会，梁把袁氏父子的话作了介绍之后，说：“局势是明摆着的，若是赞同就不要脸，不赞同就不要头。”大家商议来商议去，一致认为“头之不存，脸将焉附”？还是要头的对。袁又把梁找去，对他说：“参案中也有你的名字，是我将其拿掉的。现在，他们正在筹备帝制，我不想再横出枝节。”弦外之音，梁士诒自然明白其中的含意。为了自救也为了邀宠，梁一改往日对帝制的消极态度，变得出人意料地积极起来。他回报袁克定，表示一定尽力，并把自己想好的一套计策说出来。袁克定闻听大喜，很快，叶恭绰的交通次长复职，京绥路局长免议，津浦、京汉路局长只交付惩戒。一时为之轰动的交通大参案冰消瓦解。

梁士诒先是推荐蔡乃煌做江苏、江西、广东三省的禁烟委员，为帝制筹措经费。接着又于9月19日组织了“全国请愿联合会”。梁自己躲在幕后，叫沈云霈做会长，那彦图、张镇芳做副会长，并于当日联合“各省代表”向参政院要求变更国体。筹安会尚以学术研究为标榜，全国请愿联合会则公然劝进了。

3 形形色色的请愿团

全国请愿联合会积极发动全国范围的请愿，变更国体，拥护袁世凯做皇帝。他们发动的对象，上至王公、遗老、各省将军、巡按使，下到贩夫走卒，甚至乞丐、妓女，三教九流无所不包。拉到的人，列入请愿名单，就地请吃饭、听戏、送红包。有这等好处，小老百姓哪个不趋之若鹜，很快就在全国各地造出声势浩大的请愿浪潮，请求袁世凯赶快正位的电报接连不断地拍到北京。

在北京成立的请愿团计有：

人力车夫代表请愿会，由北京人力车夫组织。

乞丐代表请愿团，由北京乞丐发起。

妇女请愿团，由安静生发起，安静生人称安大浪。

公民请愿团，各省官吏用本籍公民名义发起。

筹安会请愿团，由杨度发起。

筹安会请愿代表团，由各省代表组成。

商会请愿团，由京沪商会组成。

教育会请愿团，由湖北教育会会长梅宝玑和马为珑发起。

北京社政进行会，由恽毓鼎、李毓如发起。

旅沪公民请愿团，由陈绍唐发起。

其他，有三五个人凑到一起，就成立个什么会之类的不胜枚举，人们也就见怪不怪了。另外，全国各地绅商请愿书如雪片般飞来。上海商会总理周晋镳还亲自进京上书。北京自然更为热闹，不仅报纸一个劲地鼓吹，还经常有些不三不四的人群列队到内务部请愿。

梁士诒有“财神”之称，财大气粗，筹安会不免相形见绌。杨度只好于 10 月 15 日将筹安会改名为“宪政促进会”，想将来袁皇帝登极之后，在立宪问题上另做文章。只可惜，不久云南起义爆发，洪宪帝制只维持 83 天，这个“宪政促进会”未及叫响便无疾而终。

三 北洋派的态度

1 拥戴派的劝进潮

北洋系中，劝进最早的是湖南将军汤芗铭。他于1915年8月25日，打电报给袁世凯说："伏望我大总统俯从民意，速定一尊，申数千年天泽定分之大义，慰亿万苍生一心一德之归诚。"汤芗铭的老哥汤化龙是反对帝制的，他给老弟写信叫他拥护共和。于是，汤芗铭一边通电劝进，一边暗中和国民党分子暗送秋波，使自己永远立于不败之地。

1915年9月4日，有"干殿下"之称的段芝贵领衔14省将军电请改行君主立宪制，并请袁速正大位，列名的有广东龙济光、湖北王占元、陕西陆建章、河南赵倜、山西阎锡山、云南唐继尧、浙江朱瑞、湖南汤芗铭、江西李纯、安徽倪嗣冲、山东靳云鹏、四川陈宧、吉林孟恩远、黑龙江朱庆澜、福建李厚基。令人注目的是这个名单上少了袁的两员大将，一是北洋元老之一的冯国璋，一是辫帅张勋。

张勋是一贯的帝制派，不过他拥戴的是清室，而不是袁世凯。可是，在大势所趋之下，他最终也发了劝进电。袁并不担心这个老粗，而令他有些头痛的却是冯国璋。因为，在6月份，自己曾经当面对冯扯谎，所以袁世凯也自觉有些理亏，可是又实在不放心这个北洋系里面的超级大将，于是采取明升暗降的办法，于12月18日明令内调他为参谋总长。但冯国璋虽然颟顸，却也明白这种政治手腕，一封电报婉谢了。

实际上，通电拥戴劝进的各省军头里面，情况也是极为复杂。有的是真心拥戴，如段芝贵之流；有的是随大流，采取一种暂时观望的态度；还有的是抱着投机的想法，成功了可以捞到好处，不成功再随时反水，汤芗铭是个典型

袁世凯参加参议院的会议

的例子。

有人背后问袁世凯："总统想要称帝，就自己称帝是了，不然叫各省都督通电拥戴，岂不简便？何必找一群文人来鼓吹，制造所谓的民意呢？"老袁笑道："我不想开武人干政的先例。再说，不制造哪里来的民意？我这样做，不过是未能免俗而已。"听了老袁的一番议论，可谓深知民意的真髓。

2 琢磨不定的徐世昌

袁克定明白，帝制需要北洋旧属的拥戴。左右一群策士告诉他，只要把北洋系的几个元老之中的任何一个说通，其他人也就不攻自破了。元老中资格最老的自然非徐世昌莫属，于是，他找到逊清的振贝勒——载振去说服徐世昌。袁克定以为：你老徐不是以逊清的忠臣自诩吗？现在连清室的人都同意袁氏坐天下了，你还有什么可说？一天，载振以他的父亲庆亲王奕劻的名义来见徐世昌，说："项城天与人归，应速正大位，以求天下太平。”徐世昌笑着问：“那么阁下父子何不劝进呢？”载振赧然道：“只怕我爱新觉罗族内笑话，还是阁下领衔敦劝项城比较合适些。”徐世昌道：“你们怕族内人笑话，我就不怕旧日同僚们笑话吗？依我看还是不要再提这事了吧。”载振碰了个大钉子，以后不敢再啰嗦。

徐世昌（1855—1939）字菊人，生于河南汲县。同治初年，袁世凯随其嗣父袁保庆住在河南开封，与徐世昌家是近邻。徐长袁四岁，二人时常在一起玩耍，成了要好的玩伴朋友。原来徐世昌的远祖是浙江人，后来北上，乾隆年间落籍在天津；到他的高祖时，又去了河南。所以徐世昌把三个地方都当作自己的籍贯，借此到处拉关系、认老乡——与沈葆桢、钱能训见面，便认作浙江同乡；与曹锟、李纯等则是直隶老乡；和袁世凯又攀上河南乡亲。

徐世昌于光绪八年（1882）到北京乡试，曾在琉璃厂的吕祖庵求签，签上批的是“光前裕后，昌大其门庭”。结果，其胞弟徐世光中第95名，而他中在第145名。为此，他一直崇拜吕洞宾，甚至在他后来做总统时仍是如此，每天清晨给吕祖磕头是必做的功课，不料一跪一拜之间锻炼了筋骨，使他得享高寿。1886年，徐中进士。三年后考满，授翰林院编修。那时候翰林是三年一选，考试及格者，根据其甲第授职：状元授修撰，为从六品；榜眼、探花授编修，为正七品。但此种官员并无正式编制，只有补实缺后，才有希望升迁。徐世昌自光绪十五年（1889）点翰林之后，一直没有得过差事，是个名副其实的“黑翰林”。当时的翰林院掌院学士为李鸿藻，李对徐的评价是“虚矫过人”，因此他在翰林院9年从未开坊（即外放做考官或督学使）。作为七品官的徐世昌经济很是拮据，年节送给上司的节敬只有二两银子。他还曾到定兴鹿传霖家里做过塾师，为了省钱，把家都搬了去。

1895年，袁世凯在小站练兵，把北京翰林院的徐世昌请到小站，任营务处总办。当时的社会风气是重文轻武，正如俗语所谓“好男不当兵，好铁不打钉”。翰林公虽有“穷翰林”之谑称，但其地位却是极尊贵的。徐世昌以翰林屈尊任职营务处，可说是极其稀有的事情。不过从徐的角度来看，一方面和袁是总角之交；再者，袁世凯以西法练兵，正与自己的见解一致。恐怕更重要的是，可以得到一笔丰厚的报酬。总之，徐翰林是降格以从了。当时的词林文人很是瞧不起这位徐翰林，他早年曾发放到北洋大臣李鸿章的衙门差遣，传报的差人问李，是否开暖阁的门（又称为麒麟门，是专门为迎接文人才开的）迎接这位翰林公？李鸿章说，这不过是个差遣人员，叫他到客厅去，和幕僚们在一起吧。可见其在李心目中的地位。

庚子年间，徐的叔父徐嘉禾任湖北钟祥县知县，劝他赶到西安行在，表示对慈禧的效忠。徐于1901年的正月到达西安，受到西太后的嘉奖和重视。回銮时，他绕道武汉，拜见张之洞，张对他也极为看重。从此，徐摆脱了晦运，开始走上官场的坦途。徐为人处世有一套招数，他处处深藏不露，喜怒不形于色，善于游刃于两种敌对势力之间。

对于袁世凯来说，徐世昌属于那种尊而不亲的人物——虽然许多机密不会让他参加，但是他的意见却必须要尊重。袁克定明白这层意思，便单刀直入地找到老徐说，老爹称帝的意志已决，希望不要阻挠。徐说："我不阻止，但也不赞成，听凭诸位好自为之吧。"

一天，袁世凯偶感小病，徐世昌前去探问，适逢袁乃宽也在座。老袁感叹道："人生谁能无病？生死也难以预料啊！我的才能虽然不敢企望古人，但是环顾当今尚无人可代。可是当政四年以来，我的抱负尚未施展万一。将来我去位之后，中国的前途还很难说呢。"袁乃宽站起来说："总统有任期的限制，如何能展现才能，不如改为帝制……"这时袁世凯瞥了一眼徐世昌，只见徐低头坐在那里，好像没有听见一样。从此袁世凯不再找徐世昌研究机密大事。

徐世昌见袁世凯称帝决心已定，遂于1915年10月26日，请辞国务卿职务。袁起初一再慰留，袁克定在旁边说，徐太傅愿意做清室遗臣，何不成全其高蹈之志？袁世凯仍不同意，这时北京突然传开了谣言，说段祺瑞要起兵讨袁，后面的主谋就是徐世昌。虽然没有几个人相信这样荒诞的传闻，但是袁世凯还是怕徐、段表里相结，对己不利，便答应了徐的辞职，但是一再叮嘱他，只须住在天津——留在北京怕他与段祺瑞联手，到远处，又怕他被国民党利用。

3 段祺瑞反对帝制

袁克定和袁乃宽商议许久，又转向下一个目标——托阮忠枢游说段祺瑞。阮忠枢一向为北洋大臣的文案（秘书），有芙蓉癖，且有麻将癖，曾有鏖战三昼夜的战绩。而且他的脾气极大，唯与张勋有深交。袁世凯之所以重用阮忠枢，也有利用他沟通张勋的意思。阮善于辞令，和段祺瑞又是同乡，袁克定以为由他做说客当是轻而易举的事了。阮忠枢果然来到国务院，对老段说，庆亲王父子都说项城到了天与人归的时候，何不改行帝制，以顺天应人。老段不等他说完，即火爆地打断他的话，说："项城本是清室大臣，因赞成共和方为大总统，今天若是称帝，何以面对故主？更何以面对民国？"并告诫他以后不许再妄言此事。阮回去告诉了袁克定，克定对老段愈加有了成见，时而在其老父跟前说三道四，老袁听说了段的言辞，也渐渐和段生了隔阂。

段祺瑞

老段曾向别人说过，他和袁世凯的关系非同寻常，所以历来对老袁莫不唯命是听，可是惟有称帝一事，他是绝对不能苟同的，哪怕牺牲几十年的交情也在所不惜。

1913 年 12 月，袁政府下令调黎元洪进京，命段祺瑞兼领湖北都督，实则乃是将其调离陆军部，夺其兵权的先声。因段祺瑞久任军事中枢，其资格、能力不但为北洋将士所倾服，即使南方军人也称其能。他如果反对帝制，和袁克定积不相能，恐其患生肘腋，所以借督理武昌之事，将他调离陆军部，实乃一釜底抽薪之计。其实，湖北都督和陆军部总长两头都是空衔。果然，到了 1914 年的 2 月份，又以段芝贵署湖北都督，令段祺瑞去剿灭河南的白朗军。这样，帝制派除去一个眼中钉，尽可从容在京布置一切。

等到段祺瑞于 4 月份回到京里，政府的变革已面目全非了。首先取消

蔡锷

地方自治会,民意机关已不复存在;又是公布新约法,实行总统制,废弃内阁,改设政事堂、国务卿,民主政体已剥夺殆尽。接着,5月9日,袁在公府内设立“全国陆海军大元帅统率办事处”。由德国的丁克满少校、法国的白礼苏中校任顾问;袁乃宽办军需,直接由上海供应军火。除了参谋、陆军、海军三部总长为当然办事员外,袁又选派王士珍、荫昌、萨镇冰三人为大办事员。在杨度的一番游说下,袁把蔡锷也放在办事处里任办事员,并内定他为将来的总参谋长,代替从不到部的黎元洪,然后再调他为陆军总长,以代跋扈不驯的段祺瑞。办事处成立后,总统府军事处被取消,段祺瑞退为办事员之一,遵照袁的指示,把陆、海军部的许多公事都移交办事处,陆军部成为名存实亡的机关。因此段极为不快。他向袁提出,旅长以上军官的任命可以由总统主持,但团长以下的由陆军部办理,明白地与袁争权,袁却不理会。段祺瑞干脆不再上班,消极怠工。有一次,段奉召入府,

蔡锷的一家

袁问段某件公事，段回答“容回部查复”，袁瞪起眼说：“怎么，我刚刚看了陆军部送来的公文，你这个总长却不知道？”原来这呈文是小徐代行呈上的，段并未阅过。事后，老袁叹道：“咱们团体里越来越不像话了，芝泉在家里做总长，老不到部……”

袁、段之间的裂痕越来越大，一天，袁召段，见了面说：“芝泉，你脸色不好，我看你还是休养一段再说吧！”段一见被请了病假，只好乖乖递上辞呈。1915年5月1日，袁明令批准段的请假，由王士珍代理陆军总长。后来，又于8月29日，正式批准了段的辞职。

1915年5月，正值《二十一条》准备签约的时候，陆军部向总统要求加薪，袁亲自在呈文上面批了“稍有人心，当不出此”八个大字。袁克定在旁边也煽风说：“受人家欺负而无法抵抗，是因为陆军不强；陆军不强是长官不负责任……”老段在日本提出企图灭亡中国的《二十一条》后，曾经通电各省，主张不惜与日本开战，也不能答应日方要求。可是那时各省都督都是“内战内行，外战外行”的武夫军头，既慑于老袁的“绝对权威”，又怕失去目前的“幸福生活”，所以竟无一人响应。老袁知道后，冷笑道：“芝泉老友，走就走嘛，何必还要口出恶声呢？”

日本人办的《顺天时报》唯恐中国不乱，对高层的政潮特别感兴趣，无风也要掀起三尺浪来，何况袁、段已有芥蒂，经此报纸一渲染，遂成了北京街头巷尾谈论的话题。老段的张夫人也骂他老糊涂，没良心。老段本来就有些惧内，只好于此年的8月3日公开发电辟谣。谁知不辟尚好，越辟谣言传播越快、越广。

4 北洋系分裂

段祺瑞反对帝制，袁克定、袁乃宽等人商计道，老段久长陆军，手握兵权，万一祸起萧墙，将不可制衡矣。于是，他仿照德国皇帝把兵权集中在皇室手中的做法，向袁世凯建议，成立一支由大总统直接统率的军队，成为一支私人禁军，即所谓的“模范军”——这正与袁世凯培植新势力的想法不谋而合。因

民国时期的海军

为此时袁与北洋军人的距离越来越大，他深深感到北洋军人恃功而骄，自己尚且玩不转，将来袁克定更是难以驾驭。尤其是如果军人因为拥戴有功，将来必形成尾大不掉之势。所以，他决定在北洋系之外，再打造一支自己掌握的亲军。但老袁觉得模范军规模太大，惹人猜疑，决定缩小规模，建立模范团。

1914 年 10 月 23 日，在北海成立模范团本部，袁世凯自任团长，陈光远为团副。模范团的士兵来自北洋军的下级军官；模范团的下级军官则由北洋军的中级军官担任；中级军官则是清一色的留学生。每期训练半年，即可产生四个旅的军官。袁的设想是，将来由模范团训练出十个师的军官，建立一支听命于袁家的武装力量，以取代北洋军。那位肚中没有几滴墨水的副团长陈光远，偏爱卖弄，在模范团第一期毕业典礼上面向军官发表训话时，说："你们要好好干，将来的前途是不堪设想的！"把那些军官听得莫明其妙，原来他本打算说前途不可限量，却把弯子拐到另一个方向去了，不过一语成谶——这些人果然是不堪设想了。

袁世凯绝对不让他的旧部负责新军的筹建。袁世凯本想让袁克定来担任这项工作。段祺瑞反复说袁克定没有军事经验，恐怕担当不起这军队的工作。最后，老袁恼了，指着自己的鼻子说："那你看我行不行呢？"段才不再讲话，但是二人心里的芥蒂已越积越深。从第二期起，便让袁克定为模范团团长。老袁不管多忙，每个礼拜必定来观操一次，并对将士训话。毕业时，还要在关帝庙里面发誓效忠——誓词曰："服从命令，尽忠报国，诚意爱民，尊敬长上，不惜生命，立行信实，习勤耐劳，不入党会，誓愿八条，甘心遵守，违反其一，天诛地灭。"模范团的军官升迁都必须谒见袁，行磕头礼。这还是当初小站的那一套，可是现在的形势与小站时代已然完全不同了。过去高级军官由袁任命，下级军官由段掌握。现在，就是连、排长也要由袁决定。袁的这套做法不仅使段寒心，就连北洋军其他的高级将领也有兔死狐悲的感觉。

袁世凯以为帝制成功的关键在于三个方面，一是军事，二是外交，再有就是财政。有人建议他说，重要的还有一个民意和舆论。他不屑地说："舆论不过是空气的作用。"不过，尽管他蔑视舆论民意，但还是要做做样子，便授意杨度组织"筹安会"，以制造民意。

筹安会设立后，徐世昌曾对袁说："凡事虽然可以不计是非，却不可不计利害。依照现在的形势，此事未敢说必定成功。万一半途而废，将来怎么转圜呢？"老袁冷不防老徐会唱这个反调，疑惑地问："难道国中执权柄者还有反对的吗？"徐世昌慢悠悠地说："南方的陆荣廷之流暂且不论，段芝泉从公最久，已先不同意，其他人就不用说了。"老袁一听叹了口气，心想："可不是吗！"但又转念一想，既然我可以把权柄给你，那么自然我也可以将其收回。

小站练兵时袁世凯与北洋宿将。前排左起为言敦源、曹锟、铁良、袁世凯、冯国璋、王士珍；第二排右二为段祺瑞

正在这时，袁克定为贯彻“强干弱枝”，为帝制做准备，向其父提出两项建议，一是以王士珍代替段祺瑞主持军事；二是在总统府内设立陆海军大元帅办事处——从而把军队紧紧掌握在自己手中。老袁暗想，正合吾意，启用王士珍，罢免段祺瑞的决心就下定了。谁知，这两个建议却造成了段祺瑞和北洋系对老袁的离心离德，从此袁世凯的事业也就开始走下坡路了。

为了防止新朝可能出现的藩镇之祸，袁下决心在酝酿帝制活动中走政治路线，指望靠几个文人，造些“共和不适合中国国情”的舆论，潜移默化国人的视听，就可以“天与人归”了。于是袁氏父子抛弃了军事路线——不再依靠他的北洋旧部。在大事尚未确定的时候，这个决定可能是袁一生中最大的失策。

5 王士珍是个好好先生

王士珍（1861—1930）字聘卿，河北正定牛家庄人。王出身寒素，自小过继给伯父，四岁丧父，靠伯母和母亲替人做针线，将他抚育成人。

1876 年，王士珍由亲戚的介绍，到叶志超军前当兵。后叶志超提升为直隶提督，移防山海关，王随之前往。叶保荐王到李鸿章于 1885 年创建的天津武备学堂学习，毕业后，李鸿章派王去日本学习军事。回国后，叶志超在山海关创办武备学堂，任王为总办。甲午战争时，王随军入朝鲜。在平壤时，他曾建议在附近山上布防，但叶志超没有采用。1894 年 9 月 15 日，日军进攻平壤，王左手无名指被炮火炸掉，额头也被弹片擦伤，仍带伤作战。1895 年，王士珍和段祺瑞、冯国璋一起到小站跟随袁世凯练兵。荣禄到小站视察时，看到王士珍带领工兵营的表演，十分赏识，写信给袁世凯说：“王员才大心细，审虑精晰，不第长于军事也。”

关于王早年出身的另一种说法是：王早先是朝阳镇总兵杨瑞生（杨度的叔叔）的马弁，因为机警勤快，很得杨的器重。聂士成练武备新军时，向杨求荐将才。杨推荐多人，王也在其中。王本名不叫王士珍，但因为他没有功名，不便推荐。恰好有一个叫王士珍的守备要退职回籍，杨便叫他冒名顶替去了。真王士珍老年穷困，在湖南湘潭一个姓王的人家帮佣。后来，王士珍发迹之后，有人问他，你的替身已经当了大官，你还不去找他？那个真王士珍只是笑笑，不说话。

1900年，袁世凯任山东巡抚前，曾派王士珍去山东视察。王只带两人，便衣而行，将沿途关哨、海防、兵站等调查得详详细细，连心思细密的袁世凯也无可挑剔。在对待义和团的剿抚政策上，王把握得恰到好处，使山东免于遭受动乱之苦，功不可没。他后来谈起此事，说："齐鲁自保，就整个国家立场来说，不能说是完全对。但是那时端王把持国政，闹得不像话，我们不能眼睁睁看着人民的生命财产，无故让洋人作为泄愤对象，只好先顾全地方再说，这原是不得已的啊！"

1906年，清政府在彰德举行秋操，铁良和袁世凯为阅兵大臣，王任总参议和中央裁判长。王在秋操中表现不凡，之后升任江北提督，驻在淮安。1908年，任兵部侍郎。在辛亥革命期间，王士珍始终是忠于清廷的。在段祺瑞领衔通电请清廷退位后，王打电报给段："皇恩浩荡，不应出此之策。"在清廷准备逊位时，王请求辞职回乡。袁世凯一再慰留，王说："养兵千日，用在一时，乱民造反，不去征讨，反而与他们讲和，真是旷古未闻的事情。"清廷退位后，王士珍留下一纸辞呈，不辞而别。以后，一直在正定老家闲居。王士珍自辛亥革命后一直留住辫子，直到1915年才被迫剪掉。

1914年春天，袁世凯为了排挤段祺瑞，想起用王士珍，便叫袁克定到正定去请王。但是，王屡请不到，坚辞不就。害得袁克定瘸着腿跑了十几趟，最后，袁克定跪在王的面前，流着泪说："聘老不愿意出山，但是到北京看看我父亲总可以吧。如果聘老不去，我就呆在这里不走了。"王只好随同袁克定进京，袁马上授他以陆军上将，并任其为统率处坐办。

王是不同意洪宪帝制的，但是他又不敢明确反对。在假《顺天时报》出现时，王已知道其事。一次，他曾经把假报纸放在袖子里，准备向袁说明。当他到了袁那里，袁正好把一份假报纸给他看，并说，外面的舆论如何，民心如何等等。王把嘴里的话又咽了回去。为了维护袁的面子，帝制期间，王士珍照常到衙门上班。为此，反对帝制的人都很鄙视他。可是，他从来没有做过上表劝进之类的无聊事情，雷震春曾向他试探，他只淡淡地说："自己人嘛，何必来这一套？”

人们形容王士珍、段祺瑞、冯国璋三人为北洋系的“龙、虎、狗”。的确，位高功显的王士珍一生恬淡，不求权位，不逐名利，所以他在三人中得享天年，声誉最隆。

6 冯国璋也不赞成帝制

王士珍到京受命后，袁世凯遂于1915年8月29日免去段祺瑞的陆军部总长职务。可是尽管罢免了老段，却不许他离开北京一步，以防他出去另起炉灶。段为了表明自己没有其他阴谋，也甘愿呆在家里不动，谢绝来客，坐拥愁城，和外界几乎隔绝来往。

其实，老段这时虽然赋闲在家，其威望反而日隆，因为反对帝制的人们都把他当作了精神领袖。同时，北洋系军人因袁克定把持模范团，人人自危，遂自动集结在老段周围，袁克定为渊驱鱼，焉得不败？

冯国璋

此时，段祺瑞和冯国璋的感情尚属融洽，老段被黜，老冯未免有兔死狐悲，物伤其类之感。其实冯对帝制本是无可无不可的，他所感愤的是，老袁搞帝制自始至终把他排除在外。

前面提到过，冯于6月间从袁那里得到绝不称帝的保证，可是，总统的话言犹在耳，筹安会挂牌成立，帝制的步伐却迈得更快了。冯不由得大呼被骗，从此与老袁在心理上产生了隔阂。冯后来又派他的心腹恽宝惠到北京打探消息，恽给他拍回一个简短的电报：“主座称帝一事，志在必行。”冯这时彻底明白了袁的意图，便采取了一种消极抗拒的方法。阮忠枢奉命到南京疏通，9月21日，冯致电袁，请袁早定大计，还解释说，因为镇抚地方所以未能轻率建议。

冯国璋曾说：“我跟老头子这么多年，牺牲自己的主张，扶他做了元首，对我仍不说心里话。闹到结果仍是帝制自为，传子不传贤。像这样的曹丕，将来如何伺候得了？徒然叫我两面不够人，怎不叫人寒心？”以冯国璋那种“北洋之狗”的性格，叫他像老段那样明确地反对，也做不到，只好采取一种首鼠两端的态度。在各省劝进时，冯是最后一个附和的。可是此时谣传冯国璋将与段祺瑞一致反对帝制，并要起兵江宁反抗中央。于是老袁在内加紧对段的监视，在外以换防为名，调杨善德的陆军第四师、卢永祥的第十师驻屯上海，调第五师的一个旅驻扎苏州，又调安武军的一路驻防南京，以防冯、段内外结合。试想，老袁政权闹到了这一地步，还有什么戏好唱？

1913年，袁世凯派他的爱将郑汝成为上海镇守使，成为他镇守东南的柱石。再说二次革命失败后，孙、黄逃亡海外，大量底层的革命党人流落沪上，生存都成了问题。于是一些不肖之徒，便动起歪脑筋。尤其是陈其美手下的一伙青帮，更加不择手段，有的人私自刻了大人物的名章，写了委任状，各处去招摇撞骗。有的出卖同志，去向郑汝成报密，结果上海的革命党人死在郑汝成手下的不知凡几。于是，郑汝成成了革命党人的眼中钉，中华革命党的陈其美决心除之而后快。

清末北京的街景

1915年8月18日，郑汝成曾被刺未中。11月10日是日本大正天皇的加冕典礼，日本驻沪领事召开招待会，郑汝成自当出席。陈其美一声令下，召来革命同志一百多人组成四十二个狙击小组，埋伏在郑汝成出行的路上。到了那天，郑汝成所乘汽车行至外白渡桥时速度减慢，突然一颗炸弹在汽车前方爆炸，汽车停了下来。这时从人群中跳出两个人来，打开郑的车门朝着郑汝成和他身边的司务长开了枪，二人当场毙命。然后，刺客将手枪抛向郑汝成，郑的脑袋被砸得血肉模糊。这时人群乱作一团，两个刺客若是逃走，只需往人群里一混是很容易的。但是他们二人镇静自若地向着人们喊着："郑汝成是我们杀的，来抓我们好了。"两位英雄名叫王晓峰、王铭三。袁世凯闻知郑汝成被刺，大为震痛，书赠挽联："沪海竟失岑彭，衔悲千古；苍天再生吉甫，佐治四方。"并慨然叹息道："毁我长城，南方从此无宁日矣。"

郑的被刺连累了冯国璋。原来上海历来是江苏省的属下，现在忽然来了个上海镇守使和他江苏将军分庭抗礼，冯本来就不高兴。另一方面，袁世凯对郑汝成极为赏识，曾不止同一个人说过，将来接替冯国璋的必是郑。于是有人说冯国璋忌妒郑，把他暗杀了。这样，本来就有些微妙的冯、袁关系，更加复杂化了。其实，这些谣言大多源自日本的华文报纸，日本人居心叵测，唯恐中国不乱，便猛造谣言，挑拨袁与各地军阀之间的关系。冯不得不通电辟谣，说袁总统对他恩重如山，绝不会萌生异志等等。有意思的是，帝制出笼前，袁的北洋旧部纷纷辟谣，表白自己和总统没有矛盾。前面有段祺瑞辟谣，接着冯国璋、张勋辟谣，后来阎锡山也辟谣。其实辟谣正说明袁与他的部下矛盾重重，且因为帝制的出台，愈加尖锐化了。不过，辟谣归辟谣，抵制还是抵制。当"办理国民会议事务局"来密电布置帝制事宜时，冯国璋都是冷冷地说："先搁一搁吧。"最后，到了投票选举那天，冯竟称病请假，还是在他幕僚们的劝说下，才敷衍了一下。

袁世凯对这位身居封疆的老部下本来就有些不放心，现在又出了郑汝成被刺案，虽说谣言不可信，可是也不可不防。袁乃于12月18日，内调冯为参谋总长。冯国璋岂能不知道这种调虎离山的把戏？便以那时通用的抗议方法——请病假来对付老袁。将在外，老袁也没有办法，还得去信安慰一番。

第四章

大太子袁克定、二皇子袁克文

一　三分世凯七分克定

1 袁克定想要取清而代之

袁克定(1879—1958)的生日是光绪四年(1878)的腊月二十六,但是按阳历已经到了1879年。他是袁世凯的正室夫人于氏所生，是唯一的嫡子。因为是长子的关系,袁世凯对他疼爱有加,1882年随吴长庆入朝鲜时,也把他带在身边，由大姨太太沈氏抚养。袁世凯还为他找了一个德国人的家庭教师,在清末时他又去德国留学,所以袁克定通晓德文、英文、拉丁文。

以后,袁克定也一直随侍其父左右,出入官场,拜见应酬,交接的不是达官便是显贵,自然这增长了他的见识,同时也滋长了他的野心。

袁克定18岁结婚，娶前清湖南巡抚、河道总督吴大澂的女儿吴本娴。吴大澂(1835—1902)字清卿，江苏吴县人，1867中进士，曾上书慈禧太后请停建圆明园。1883年，法国在越南事起，吴奉命会办北洋军务。1884年迁左副都御史，赴朝鲜处理甲申事变。1886年曾任与俄谈判首席代表，争回许多被强占的领土。1887年，调任广东巡抚，因葡萄牙人占领澳门事，与之斡旋良苦。1886年，治理黄河后，授河道总督。后任湖南巡抚。吴大澂是著名的清流党人物，喜谈兵略而和张佩纶齐名。他自称精通枪法，有百步穿杨之技。

1895年1月，在吴大澂请缨、翁同龢的力荐之下，吴亲督20营湘军赴辽东，这位词林才子大概想效仿李鸿章，以边功封疆拜相。吴大澂的确是个才子，书法绝佳，尤其大小篆写得相当有根底，连大学士潘祖荫都佩服得很。有时他在公文上也以大篆批示，闹得幕僚们时常来向他请教，批语到底是什么意思？

说起这位吴大人还有许多趣事。有人问起为何要从湖南来辽东作战，他说，这年元旦曾做过一个梦，梦见一只大鹏鸟从天而降；而日本驻朝公使正好叫大鸟，我们湘军里面神枪手多得很哩。人家笑他：不知你这是“忠”还是“疯”？到了出师那天，属下官员前来送行。吴某慨然叹道：“今日督师，不敢奢望出将入相，但求马革裹尸。”冷不防一个糊涂官员说道：“恭喜大人，一定会如愿以偿。”吴大澂大为尴尬，把他申斥一番了事。他在动身之前，挑选了许多平时喜爱的文玩书画，携带着上了前线，每天在营中与幕客唱答酬和。战火纷飞的时候，将士们前来向他请示军务，只见他手持一方玉印，正在和幕僚谈论其出处。等到日军炮弹落在跟前时，他张皇无措大呼备马逃跑。日军统率看了吴大澂丢下的珍玩，笑道：“想不到支那营中倒开着这么大的古董铺子。”

吴大澂一溜烟地逃跑之中，还在招降告示中自诩：“本大臣于三战三北之余，自有七纵七擒之计。”后来几乎为日军擒获，幸亏马快得以逃脱。最后牛庄、营口失陷之后，吴大澂被革职查办。罢官之后，家计艰难，他只好靠卖书画、古铜度日。

克定生肖属虎，吴本娴属龙，在命相学家看来是龙虎相斗——属于犯相，必须找个“凤”，即属鸡的来化解一下，所以吴本娴进门不到一个月，克定又娶一小户人家的马彩凤为妾。吴氏生有一女，名家棣，马氏生一子家融和一女家锦。民国以后，克定又娶了一个唱“髦儿戏”的章真随做二姨奶奶，章真随是个水性杨花的女人，还吸鸦片，但是袁克定由爱生怕，只好听之任之。

1905年，五大臣出国考察宪政时，本打算让他作为随员，一起前往，不料出了吴樾炸弹案，闹得人心惶惶。他母亲于氏本来就不愿意他出国，这时更加反对，终于没有去成。1906年，盛京将军赵尔巽锐意新政，听说袁克定中西学问都好，便把他调到奉天陆军小学当校长。那时整个奉天省还没有电灯，学生们晚上聚在油灯下看书，把鼻子熏得漆黑。袁克定看了，便写信给他父亲，请求从天津买一台发电机来。等到沈阳陆军小学的电灯亮起来的时候，全城的人都跑来看这“不用点油的灯”。

1907年，庆亲王为了讨好袁世凯，任袁克定为农工商部右参议，1909年，升右丞。袁世凯被罢黜之后，袁克定依然在北京任他的农工商部右丞，他曾以重资贿赂载振、溥伦等亲贵，以图升迁。但是，此时满人亲贵对他父亲忌恨得很，当然也不会重用他，加上其父的遭遇，因此他对满人的异族政权特别地痛恨。他看到庆王奕劻的贪渎，摄政王载沣的庸懦，以及载洵、载涛、毓朗三人视军权为儿戏，知道报仇的日子不会太远了。

1911年辛亥革命事起，在袁世凯赴前线出征时，袁克定极力想说服其父，把枪口北指，一举推翻清廷，取而代之。袁克定还请伦敦《泰晤士报》记者莫理循(George Emest Morrison)说服他父亲“放弃对清廷的愚忠”，自己当总统，或是当皇帝。可是，袁世凯当时的确还没有这样的勇气和野心，便把袁克定申斥一番，叫他回北京好好当差，自己整装上湖北前线去了。莫理循对袁克定的评价是：“有野心，但很愚蠢。”

但袁克定并不死心，仍与革命党暗中联络，首先一个对象是吴禄贞。那时吴禄贞每晚都用布把头蒙起，坐车到锡拉胡同的袁府和克定密谋。一个袁家的老仆人田鸿恩见二人行动诡秘，而且克定曾给吴数万金钱，便警惕起来。一次，他听得二人谈论中有“夺取彰德，断其后路”的零星话语，连忙把这话告诉了袁克文。一时间，洹上村里，人心惶惶，都传说吴禄贞要来杀袁家人。吴禄贞和袁克定商定的计划，可能是占领京汉线上的彰德(现安阳)，将清军的运兵线拦腰截断，然后攻入北京，一举推翻清廷。从袁克定一直与革命党人秘密联络的事实来看,他和吴禄贞很可能有此打算。

袁克定想反戈北指不成,在革命党人朱芾煌的策划下,又酝酿一个新的计划。他联络革命党人,广招徒众,购买炸弹,想把紫禁城里的孤儿寡母吓跑。这时,武汉方面也派胡鄂公到天津主持北方的革命,胡于1911年12月14日,在天津小白楼设立"北方革命协会",其中包括光复团、急进会、女子暗杀团、北方革命总团、共和革命党、北方共和团等革命小团体,另在北京、保定、通州、石家庄等地设指挥处。事实上,此时北方革命势力呈现出一种群龙无首的自由主义状态。这大概也是受了俄国"虚无党"(民意党)影响的关系。

当清廷任命袁世凯为内阁总理大臣后,袁克定跑到湖北前线游说其父,不要北上接受任命。袁世凯自然不会听他的,把前方事情交代好,便进京赴任。

袁克定与袁的卫队统领唐天喜及朱芾煌等革命党人密谋近期举事。一天,袁克定把倪嗣冲(1868—1924)找来,请他发誓帮助自己,然后向他布置了行动步骤:袁克定计划于第二天夜里,由唐天喜带领炸弹队去炸清宫,同时由倪嗣冲保护袁世凯乘专车前往天津,等唐天喜得手后,倪立即在天津拥立袁世凯登皇帝位——来一个现代版的"陈桥兵变"。倪佯装允诺,当天夜里急忙找到段芝贵,把袁克定的计划完完全全地透露给他,因为那时倪、段同为袁军的左、右翼长。段毕竟有些政治头脑,听了倪的话,大惊道:"如此一来,大局岂不危如累卵!"说着,他二人通过徐世昌见到了睡梦中的袁世凯,向他报告了这一突发事变。袁听了之后,微微一笑,把他们都打发走了。

袁世凯连夜命令京汉铁路局准备一列专车,又把汽车停于大门口。次日清晨,袁克定来向其父请安时,袁对他说:"刚接到电报,你母亲(指于氏)有病,令你马上回彰德去看望。"袁克定心里有事,迟疑地说:"今天我还有点事,明天再回去,可以吗?"袁世凯决绝地说:"不行!车已经预备好了,是专门为你开的专列。"说着命令仆从立即送他去火车站。袁克定别无他法,只好离开北京。

1912年初,发生了震惊中外的"壬子兵变",后来,人们把兵变说成是袁世凯所指使,但迄今尚没有确实证据支持这种说法。那时,袁世凯刚刚重新掌握军队,但已与官兵隔阂了五六年的光景。因此,政府南迁的风声一起,军队就发生哗变。

袁世凯一家老小都在彰德老家，但彰德形势也很乱，袁世凯听了次子袁克文的建议，将家眷搬到天津。但袁克定和他的母亲于氏坚持留在彰德，以看守老家的产业。当袁克定到彰德火车站为家人送行的时候，与袁克文意见相左心里很是不高兴，当时的天气只是阴历二月初，可是袁克定脸色通红，大汗淋漓，两眼发直——他本来身心就有点毛病。克文见状，连忙叫他马上回家，不必等火车开行。袁克定本来是坐马车来的，回去时，他偏要骑马，别人劝阻也不听，结果在途中堕马摔伤。袁克定把腿摔坏还是小事，严重的是头脑受伤，一直昏睡不醒。直到三天后才醒转过来，但手脚已经不能动弹。袁世凯急得不行，多方寻访名医治疗都不见效。有人介绍了苏州一家教会医院的美国外科大夫——萨珀博士，袁世凯派人去请，从上海坐船到青岛，转乘火车到北京，再换车才到彰德。萨珀在袁克定的脑袋后面开了一刀，从中取出许多的淤血，半个月后，手脚才能活动，只是左腿已经跛了。

后来，袁克定虽经过多方医治，甚至到德国去治疗，他的腿疾始终没有治愈，落下残疾。从此袁世凯对他也不如从前那样了。本来已经“愚蠢”的袁克定，经过这么一摔，头脑更加不清楚，时时作出乖戾的事情也就不奇怪了。

武昌起义后，袁克定频繁来往于洹上与北京之间，沟通其父和革命党双方，成为颠覆清政权的积极力量。他和汪精卫交往密切，后来还拜了把兄弟，另外和革命党人吴禄贞、朱芾煌等人都有着频繁的往来。辛亥年，冯国璋率领清军在武昌与革命军对垒时，将朱芾煌当作奸细捕获，见他身上带着龙票，而且自言是受命而来，便打电报给袁世凯，袁说：“此事须问克定。”不久袁克定来电说：“朱即是我，我即是朱。若对朱加以危害，愿来汉与之并命。”可见袁克定和当时的革命党人过从之密。但是，袁克定并非真正赞成共和制度而拥护革命，不过是想利用其父的权势取清廷而代之罢了。

2 袁克定早有帝制阴谋

据说，袁克定出生之后，袁世凯依着老例儿找人给他推命。算命的人把他的八字排出之后，反复推敲一番，一直是迟疑不决，连问道：“这个孩子的生日、时辰不会有误吧？怎么推来算去，既是个大贵之命，又是个大凶之命。”袁世凯问他，此话什么意思？卜者说：“所谓大贵者，除了天子之外几乎无人可比。所谓大凶者，他的发达之日就是其父丧命之时。按理说，这不是一般人的八字。”袁还是不大明白，算命人干脆明白告诉他道：“只有皇上才有这样的命相，因为新皇帝登基之日，就是老皇帝升天之时。”袁这才恍然大悟，他心里不禁想，为了使儿孙坐享天下，牺牲自己也是值得的。可能从那时袁世凯就有了非分之想。此齐东野语只可佐谈，勿需当真可也。

袁克定

此事是真是假且不去管他，但是袁克定早有拥其父为帝的阴谋，确是不争的事实。

一次是在辛亥年袁世凯出任总理大臣的期间，袁克定与其父的卫队统领唐天喜及革命党人密谋举事。他计划由唐天喜带领炸弹队去炸清宫，同时由倪嗣冲保护袁世凯乘专车前往天津，等唐天喜得手后，倪立即在天津拥立袁世凯登皇帝位。袁世凯知道后，立即将袁克定打发回彰德老家，制止了这次鲁莽的行动。

1912 年，南方代表准备迎接袁世凯去南京就任临时大总统，袁克定一手策划了“壬子兵变”。此后，袁世凯借口北方形势不稳拒绝南下。在兵变中，袁克定和曹锟还曾经策划了一个惊天的阴谋。袁克定想利用第三镇趁乱冲进皇宫里，把留在那里的宣统小朝廷赶走，然后立即把袁世凯拥进宫去，取代清廷复辟帝制。但是事情坏在守卫宫门的禁卫军手里。因为禁卫军统领是冯国璋，他在清帝退位之前，曾以身家性命担保两宫的安全及宣统的帝号不废。袁克定自然不能和冯国璋谈这些阴谋，即使谈了冯国璋也未必同意，所以第三镇的变兵在东华门受到禁卫军的顽强抵御，袁克定的整个计划也就全都泡了汤。

如果说这两次的行动还都是临时起意的“急就章”的话，那么他去了德国之后，就将帝制变成他终身为之奋斗的目标了。

3 德国人给他灌迷魂汤

袁克定为了医治腿疾去德国治疗。

在德期间，袁克定通过荫昌（荫昌于1901—1905年间任驻德国钦差大臣）见到了德皇威廉二世，并和德国皇太子成了朋友。袁克定一方面十分羡慕德国人的遵守秩序和服从纪律，另一方面也钦羡德国皇室具有崇高的威望，皇太子享有的荣誉和特权。而威廉二世为了拉拢袁世凯，以巩固其在中国的既得利益，极力鼓吹在中国恢复帝制。因此对袁克定这位他假想中的“未来皇太子”极为重视。威廉二世对他说：“中国的政体不适合共和制，只适宜君主制。欧洲有我威廉二世，亚洲有袁世凯，我们两国携起手来，岂不可以称雄世界了吗。”同时，威廉二世又把当初向醇亲王载沣讲“强干弱枝”的理论，向他重复了一遍。即一定要把军队紧紧掌握在皇室手中——德国就是这么干的。因为德国在当时的欧洲国力最强，袁克定有了德皇作后盾，回国后便竭尽全

在第一次世界大战中，威廉二世（中）在指挥作战

力地向其父兜售帝制主张。老袁本来就仰慕德国的强大，此时更加被迷惑，令人撰写《德皇威廉本纪》，叫严复翻译《欧洲战记》。军队中，从法令到军装处处模仿德国。一时，中国人的八字胡都改变成德国式的牛角胡。甚至连他孩子的教育，也叫他们停止学习英文，改学德文。有人嘲讽之：

欧战经年胜负分，家庭教育变方针；
果然今上知时务，不爱英文爱德文。

二　大太子不好伺候

1 与段祺瑞的龃龉

当时，袁世凯的左膀右臂是赵秉钧、段祺瑞，赵主内，段管军，二人莫不以老袁的只言片语奉为圣旨，可谓忠心耿耿是也。赵秉钧鉴于南方国民党在国会中屡有杯葛行动，曾在闲话时对袁世凯说，公徒居元首地位，却常受南方人的钳制，还不如当初在北洋时自由些。袁克定在旁边听了这话，以为这老赵是在讽喻大总统改行帝制。于是，他便悄悄把帝制的设想和赵秉钧说了，岂料老赵并不是那个意思，当面将他驳回，把袁克定弄得好不尴尬。接着又在徐世昌那里碰了钉子，但他还不死心，袁克定和袁乃宽商议许久，又转向下一个目标——托阮忠枢游说段祺瑞。不料，段祺瑞也不捧场，还告诫阮忠枢，让他以后不许再妄言此事。阮回去告诉了袁克定，克定对老段愈加有了成见，时而在其老父跟前说三道四，老袁听说了段的言辞，也渐渐和段生了隔阂。

其实，段祺瑞对袁克定早有成见。段以为，老袁还好伺候，可是这位大太子却是难以说话。有一件事，也可说明袁克定与段祺瑞的关系。1915 年的春节，段、冯联袂去给袁世凯拜年。那时小站的旧侣早已恢复了对袁的跪拜礼，独有段坚决反对。老段说："革命刚刚把辫子剪掉，把三拜九叩礼节取消，怎么现在又来这一套？别的无所谓，唯独跪拜磕头我绝不赞成。"还是在冯的一再规劝下，二人给袁世凯磕了头——从此也可见北洋虎与北洋狗的不同。老袁见到两员大将给自己跪下，忙假装站起来搀扶，嘴里边说"不敢当，快快请起"，一边喊着孩子们的名字，叫他们出来替他还礼。克文、克良等几个人急忙过来还礼，可是袁克定这位大少爷却大模大样地昂然站立不动。这下子把老段惹火了，一出来就埋怨冯说："你瞧，老头子倒还客气些，这小子倒是神气十足，他要是当了太子，还有咱们的好日子吗？"平时较为随和的冯国璋也气不过了，两人发誓不再给袁家当一辈子狗。事后，袁世凯责备袁克定不该这样，袁克定却说："这两人是您养大的，若不折折他们的骄气，将来怎么驾驭？"

段祺瑞在北洋的实力可以说是仅次于袁世凯，袁克定对他尚且这样，其他人更不在话下了。老袁为了联络南方势力刻意拉拢蔡锷，特意叫袁克定拜蔡作老师，每天请蔡到克定那里去讲课，以使克定有机会多接近蔡锷。谁知，这位大爷并不理会他老子的苦心，对蔡一点儿礼貌都没有，也把蔡锷惹翻了。有一天，袁克定找来几个梨园的名伶，在家里清唱。他有一个小客厅，本是为蔡锷讲课用的，那天到了上课时间，蔡锷到了克定的住处，只听得房内燕语莺声，歌喉宛转，心里已是老大的不痛快了，便问听差的："大爷呢？"听差的告诉他："在小客厅里面。"蔡锷以为克定在等他上课呢，于是咳嗽一声，掀开门帘走了进去。岂料克定正拥着一个唱小旦的在那里温存。看见蔡锷进来，他只喊了一声老师，身子连动也没动。蔡锷见状，气得一句话也没说，就退了出来。从此便借故停止了给克定上课。

段祺瑞辞职，徐世昌的国务卿也不干了，袁世凯怕他留在北京和段祺瑞有所交通，遂嘱他一定住在津门，这样又使他不致被南方的国民党所拉拢。所以帝制酝酿之初，北洋系的核心已是四分五裂，不等其登场，失败命运早已注定好了。

2 谋帝制装神弄鬼

袁克定年幼时体格较差，曾因吐血几乎丧命。但读书还算用功，可能天资稍差，乡试时落败而归。这时，他开始觉悟到八股文对社会发展毫无用处，于是也像他父亲一样，将那些时文、诗赋之类一把火烧掉了。从此开始改学兵书和英、法、德等国家的语言。

袁克定自从变成残废，再也没有出去做官，平时也很少出门。于是一群追逐名利，有所干求的小人包围上来。一个叫张宗长的人，自命是星相家，他想得到袁克定的青睐，便出语惊人地说，袁克定的命运当做二十年的太平天子。还说，应该先把大总统推到皇帝的位子上面，然后叫他逊位，则帝位自然落在公子身上。

袁克定本来就有当嗣皇帝的野心，从此更加热衷帝制阴谋。他曾串通薛大可等人，造假版的《顺天时报》，制造舆论、民意，欺瞒其父。他自认太子非他莫属，私自铸刻了“大皇子印”的金印。他还鼓动他的一群帮闲，如杨士琦、杨度、沈云霈等人向袁世凯进言“嫡出当立”。但是，袁世凯曾对别人说过：“老大不要总瞎闹，我将来也许立贤不立长呢。”袁克定闻听此言，知道继位还是个未知数，曾扬言要杀掉老二袁克文。在帝制喧嚷得最凶的时候，人们都嘲弄地称袁克定为“克宗定皇帝”。

人的思想中一旦形成一定的成见，往往会走火入魔，把所有的事情都与自己的想法相联系，也就是自己欺骗自己。1915 年冬至，袁世凯去祭天之前，袁克定和袁乃宽两人密谋，花高价买了一条大蛇，放在天坛祈年殿的大梁之上。因为天气寒冷，大蛇趴在梁上不动。老袁朝拜时一眼看见那条金光粼粼的大蛇，心中暗喜，以为这是上天垂象，向他显示灵瑞，预兆自己将会龙腾九天。

袁克定还买通了一个丫鬟，教她如此如此这般这般，只要做得好定有重赏。有一天，袁世凯正在午睡，那个丫鬟进来送茶，忽然“啪”的一声，将手里的玉杯掉在地上。袁世凯惊醒以后，见心爱的玉杯摔碎很是不高兴，问那个丫鬟怎么这样不小心？那丫鬟答道：“回禀总统，我是一时受了惊吓，才把杯子掉在地上的。”袁问她被什么事情惊吓了？她忸怩了半天才说：“我刚才进来时，看见床上睡着一条五彩斑斓的大金龙。”袁世凯听了，心里暗暗得意，给了丫鬟几个钱，嘱咐她不要出去乱说。如果袁世凯稍微有些科学常识，当然不会相信这样的天方夜谭。

后来，这件事到了冯国璋那里，变成了另外一个版本。

一天袁在午睡时，书童进来给他送茶，看见床上睡着一个硕大的癞蛤蟆，书童一惊把手中的玉杯摔碎。书童在一个老家人的教导下，编了一个谎话，说他看见床上睡着一条金龙。结果，袁不但没有怪罪，反而赏赐了他。这个故事在北洋系中流传很广，冯认为，是书童证实他是“真龙转世”，他才相信自己有做皇帝的福分。

在筹安会成立不久，湖北传来祥瑞出现的消息。筹安会呈请袁派公府咨议张宗长——就是那个预言袁克定可当二十年太平太子的星相家，前往调查。原来是宜昌附近的一个山洞里，发现有十几条恐龙化石。张在1915年12月下旬到达之后，找了当地测量局派员协助勘察。由40多名军警保护着，几个人来到山洞，只见化石都已断裂，构不成一个整体的形象。只好拾了几片石头，然后封上洞口，回北京交差去了。不过，袁世凯倒是没把此事当真，还斥其为迷信，不准把所谓的龙化石送进史馆。

洪宪帝制吵嚷得甚嚣尘上的时候，有个郭姓的堪舆家受邀来到京城，极受袁世凯、袁克定父子重视。袁克定派人陪同他到项城老家，去验看祖坟。这个姓郭的历看了十几处墓地，第七处是袁世凯生母的坟茔。看过之后，人们问他，皇帝应该出在哪家？郭肯定地说出在第七家。别人问他何以见得？他停于袁世凯的生母坟前，颇带几分神秘地说，从这坟茔的外形来看，来脉雄长，经过九转才结穴于此，每个山包之上又有小山包，此谓冠冕，应在九五之象。再看左右山石林立，如同诸侯罗列，迎送护卫，此乃帝王肇始的形势。只有安徽凤阳朱元璋的祖坟才有。诸位如果不信，请察看地下，必有泉水。流泉为暗沙，汇于明堂，是为龙源。众人在墓地外，掘了一个小洞，果然有泉水流出。

姓郭的回到北京，袁世凯问他，龙兴之运，有多少年呢？郭答以，“八二之数”。袁又问：“八二是八百二十呢？还是八十二年呢？”郭神秘兮兮地道：“天机不可泄露。帝位久常，事后自知。”袁自言自语道：“若是八十二年，已经历经三代，也就可以了。”这个姓郭的，绍兴人，和北大校长蒋梦麟熟识，后来洪宪帝制失败，蒋梦麟问他究竟，郭说：“袁氏的坟茔的形势的确是好，不过即令大发，也是昙花一现而已。”蒋梦麟又问：“你怎么会说出八十二这个数字来呢？”郭答曰：“总统一问，骤然不知如何回答，忽然想起八卦阴阳来，遂顺口答以八二之数。谁想应在了八十二天上面呢？”

也有人说，是袁克定花了大笔的银子买通了郭，他才装神弄鬼地在袁氏祖坟说出那番不着边际的话出来。

3 袁克定的智囊团

当时鼓吹帝制最卖力的是所谓的筹安会六君子：杨度、孙毓筠、严复、刘师培、李燮和、胡瑛；另外还有朱启钤、段芝贵、周自齐、梁士诒、张镇芳、雷震春和袁乃宽，人称十三太保。再有一个极为关键人物则是政事堂左丞杨士琦，原来当初袁世凯被载沣罢黜的时候，潜往天津，想和直督杨士骧商议今后的出路，不料杨却避而不见，袁因此对杨氏兄弟衔恨至深。袁退居洹上后，与杨氏不相往来。后来袁世凯出山组阁时，杨士琦连一个内阁席位也没有捞到。还是徐世昌为其缓颊，才作了邮传部大臣。袁世凯当了大总统之后，杨士琦颇有向隅的感觉。于是不甘寂寞的他便动起袁克定的脑筋。此时袁克定刚刚从德国归来，杨以为非奇计不足以邀宠，遂献上帝制之谋。袁克定为人自以为是，又好自作聪明，英国人莫理循说他“脑袋里缺一根弦”，由于“他的冒失已播下人们对他父亲不信任的种子”。于是，袁克定便做起大太子的清秋大梦来。从此杨士琦与袁克定深相结纳，后来几乎到了言听计从的地步。人们传说帝制的核心人物有二杨，其实杨度不过是跑外场的人，真正运筹帷幄的还是杨士琦。

1915年12月15日，王闿运给袁世凯一电，其中有：

近闻伏阙上书劝进不啻万人，窃谓汉书记有云，代汉者当涂高。汉谓汉族;当涂高即谓元首也。又明谶云:"终有异人自楚归。"项城即楚故邑也。其应在公。历数如此,人事如彼,当决不决,危于积薪。伏愿速定大计,默运渊衷,勿诿过于邦交,勿挠情于偏论。

王闿运乃是当代文坛巨擘,袁世凯以为得了他的劝进电,不啻有了一半天下。其实,王闿运是个出名的滑稽列传中的人物,他以当涂高代汉,明明白白把袁世凯当作曹操来嘲弄;又以《烧饼歌》做喻,直把老袁当成沐猴视之。

4 袁克定不择手段

还有一个更使袁世凯恼火的"假报案"。《顺天时报》是当时日本人办的华文报纸,在北京的销量很高,袁在公余之暇也总是浏览一番。袁克定于是纠集了杨度、顾鳌,还有自称"臣记者"的薛大可等一群人动起这份报纸的主意,伪造了一份假的《顺天时报》。袁克定叫主办《亚细亚报》的薛大可每天到《顺天时报》去买铅字,在《亚细亚报》排假版的《顺天时报》,专门供袁世凯阅览。上面全是假消息、假舆论,老袁看了还以为大家真的很拥护洪宪帝制呢。袁的周围也都知道,只是瞒着老袁一人。还是袁的三女儿一次叫丫头买东西,包装纸是一张真的《顺天时报》,这才揭穿其中的西洋镜。袁知道后气愤已极,用皮鞭子狠狠抽打了袁克定一顿,骂他"欺父误国"。从此老袁再也不给他这个不肖子好脸色看了。

在国内外一片反对声中,袁世凯本来还算强壮的身体迅速垮了下来。1916年6月5日,他把徐世昌、段祺瑞、张镇芳等人叫到床前,有气无力地对徐说:"菊人来得正好,我已经是不中用的人了。"徐言不由衷地安慰他道:"总统不必着急,静养几天就会好的。"接着又说:"总统有话早点安排好,也好。"袁口中艰难地说出"约法"两字。旁边的人不明白,这是什么意思。还是袁克定急切地替老父补充了一句:"金匮石室。"原来,在新约法中规定,总统把三个继任者的名字藏于金匮石室中,三把钥匙由总统、总理、参议院议长各持一把,到时三人共同开启。看来,袁克定一直没有放弃继承大位的痴心妄想。

袁世凯死后，民国当局为了表示对已故大总统的尊敬，特派河南巡按使田文烈主持彰德的葬礼。田文烈，湖北人，北洋武备学堂毕业，文武兼备，与段祺瑞协同帮助袁世凯训练北洋新军，袁信任有加，和段祺瑞在伯仲之间。田文烈和陆建章在北洋团体中有田单、陆逊的雅号，可说是袁克定的父执辈，论公论私他都应该对田表示特别的客气。可是，这位泡汤的大太子依然摆着他过去的架子。有一天田文烈要找他商量事情，来到他的居所令人持片通报。那个当差的进去很久，才有个内侍大模大样地走出来，倨傲地拉着长声说："大爷请。"把田文烈气得心里暗骂："到了今天，他还是这么大的臭架子，要是真的做了太子，不知是什么样子呢！"从此只好绕着他走罢了。

5 克保晚节

袁克定在清末民初这一时期的表现，真的是乏善可陈。不过，"七七"之后，北平沦陷，日本人抬出王克敏、王揖唐等组织了一个伪"中华民国临时政府"。这时，曾任袁世凯顾问的阪西利八郎、陆军特务机关长土肥原贤二、日军华北军事长官喜多诚一等人，为了建立稳固的伪政权，极想利用袁克定的特殊身份，来拉拢袁世凯的北洋旧部。

当时，袁克定住在"三贝子花园"（今天动物园），穷困潦倒，几乎到了难以为继的地步。日本人诱以高官厚禄，都被他以年老多病为由拒绝了。日本人又指使伪北平市长余晋和、伪临时政府建设总署督办殷同、教育总署督办汤尔和、司法部长朱深等一起，并盗用袁克定的名字，联名在《新民报》刊登了一篇《拥护东亚新秩序》的声明，以先斩后奏的办法，迫使他下水。袁克定见到后，致函北平各报馆，公开辟谣说，他从来没有签署过这样的声明。可是各报馆慑于日本人的淫威，不敢给他登载，他又辗转托人，终于登报澄清，所谓"声明"未经他本人同意，绝不承认。

还有那个与袁世凯认作本家侄儿的袁乃宽，日本人想先利用他办理河南赈务，然后任他为伪河南省长。在张伯驹的开导下，袁乃宽也托病不出，拒绝为日本人做事。

为此日本人很是恼恨袁克定，故意找他的麻烦，一次他从城里返回颐和园，途经西直门伪警察岗哨时，被强行搜身，成心地污辱他一番。后又借口教他日语，给他派了两个日语老师，和他吃住在一起，不外是逼他就范而已。但是袁克定始终没有出任任何伪职，保持了一个中国人应有的气节。

在他六十寿诞之日，张伯驹送他一副寿联，云：

桑海几风云，英雄龙虎皆门下；
蓬壶多岁月，家国山河半梦中。

袁克定看了之后，嗒然无语，怅然若失。张伯驹很是后悔，不该勾起克定的旧痛。后来袁克定借住张伯驹的“展春园”中，每天早晨在园中散步，一瘸一拐，老态龙钟。散步后，即回屋中读拉丁文，闲来也涂抹几笔，画虽不工，但笔意古拙，也堪寻味。

袁克定宁肯过穷日子，坚持不为日本人做事，保持了一个中国人的气节，比起一些整天高喊革命的激进分子最终投降了东洋人，也算是难能可贵的了。

1935 年，袁克定的足部旧病复发，行动受限，阴雨时更加疼痛不止，其友邀一游方医生为其诊治。这位古貌古心的奇人看了看袁克定的脚，退出来说：“这位先生的尊姓大名，你们没告诉我，我也没问，以我想来，这先生过去怕不是个翻云覆雨的人物？唉！一念之差，祸延家门，且误苍生，更因此造成连年变乱，也许这就是现在受苦的原因吧！但从现在起，已和他不相干了……”

三　二皇子袁克文

筹安会宣言刚刚发表时，袁克文就表示了不同意的态度。有一天晚上，他邀集赵尔巽、李经羲、方地山、何鬯威、梁鸿志几人小宴，谈话中提及筹安会，克文说：“杨度纯粹是个荒唐鬼，他自己想要做开国元勋，而不顾置总统于何地，简直是胡闹！”梁鸿志在一旁说：“恐怕还有幕后主持者。”克文说：“总统未必有这个意思，必有其他人在谋划。这件事对总统来说未必是好事啊！”梁鸿志遂沉默不语。何鬯威说：“我们何不成立个别的会，和他唱反调呢？”克文赞同说：“这是个好办法，可以多请一些有名望的人，来纠正舆论。但是我不宜露面，只在暗中相助就是了。”何鬯威说：“我回去就拟定宣言和章程，由次珊老（赵尔巽）和木斋老（李盛铎）主持好了。”

第二天，袁世凯即把克文召去，递给他一纸，上写“何昌炜”三字，问道：“你认识这个人吗？”克文道：“不认识。”袁世凯说：“有人报告说，这是个乱党，你和他一起图谋倾覆筹安会，有这回事吗？”克文这才想起昨天的事情，遂说：“这人不叫昌炜，而是叫鬯威，和我们家有三代的交情。这人是个书呆子，哪里会是乱党？”袁世凯也笑着说：“原来是鬯威，我也认识他。你可以告诉他，叫他不要多事。杨度他们也不过是提出一种学说，我要看民情如何，来决定是否实行帝制。但是现在绝对不考虑。”克文下来告诉何鬯威，把另立协会的想法打消了。后来才知道，是梁鸿志告的密。

梁鸿志极有文才，与郑孝胥并称福建才子，但是二人却是文人无行的典型，后来先后都投降了日本人，梁毙命刑场，郑被日本人毒死。

袁克文虽然不赞成帝制，但一个人势孤力单，在家里，由于封建家规森严，子女们除了请安、陪吃饭之外，几乎不敢和老父说一句话。这样，袁克文整天忧心忡忡，郁结内心。1915 年秋天，正是洪宪帝制紧锣密鼓闹得最热闹的时候，袁克文带着侍妾雪丽清到颐和园散心，当他泛舟昆明湖上时，感怀时事，触景生情，写下七律二章，题曰《分明》，前有小序：

乙卯秋，偕雪姬游颐和园，泛舟昆池，循御沟出，夕止玉泉精舍。

乍着微绵强自胜，古台荒槛一凭陵。
波飞太液心无住，云起魔崖梦欲腾。
偶向远林闻怨笛，独临灵室转明灯。
绝怜高处多风雨，莫到琼楼最上层。

袁克文(左)不问政治,整天和名士、梨园界的人打交道,这是他和著名度曲家程继先合影

小院西风送晚晴,嚣嚣恩怨未分明。
南回寒雁掩孤月,东去骄风黯九城。
驹隙去留争一瞬,蛩声吹梦欲三更。
山泉绕屋知清浅,微念沧波感不平。

当时,袁克文天天在北海邀结名士,饮酒欢宴,赋诗唱和,遂将此诗拿给诗友品评。大名士易顺鼎看后极为欣赏,但觉得两首诗本是一个意思,何必要分开呢?于是将原诗稍改几字,另名之《感遇》:

乍着微绵强自胜,荒台古栏一凭陵。
波翻太液心无住,云起苍崖梦欲腾。
几向远林闻怨笛,独临虚室转明灯。
绝怜高处多风雨,莫到琼楼最上层。

克文的诗传出去之后,成了反对洪宪帝制那些人手中的利器,进步党籍议员孙洪伊(字伯兰)说:"连项城的儿子都不赞成帝制,何况他人?"后来,袁克文曾为其儿媳、方地山之女方初观亲书此《感遇》诗,裱好后悬于室内,可惜后来遗失。正如沪上著名作家毕倚虹所说,这首诗在历史上是占有一定地位

的。历朝历代都有一些极具政治敏感，而又有极高文学修养的人写一些讽喻时政的诗作，但最有影响的名篇恐怕就要数这首《感遇》了。

袁克文的《感遇》诗传出之后，引起了袁克定和袁克良的不满。袁克定一心做嗣皇帝是不用说了，那个疯疯癫癫的袁克良也做着太子梦，他曾当着其父袁世凯的面说："大哥是拐子，不能做太子。二哥不赞成父亲做皇帝当然也不会做太子，所以轮到我才是名正言顺的太子呐！"所以二人对于袁克文反对帝制极为反感，甚至想要加害于他。袁世凯大概有所觉察，便叫人刻了一方"上第二子"的图章，暗中交给克文，并叫他立即使用。于是，袁克文拿了这印章到处钤盖，为了使那两个醉心做太子的人明白他并无大志，仅想做皇二子罢了。可是这两个人还是不放心。袁世凯一次对克文说："你何不出京去玩玩呢？"克文是个聪明人，领会了其父的心思，便一个人离开总统府乘车到了天津，接着又去了上海。

第五章
帝制受挫

一　列强联合警告

袁世凯急急乎要恢复帝制之日，正值欧洲列强为争夺殖民地而爆发第一次世界大战之时。欧战的两大集团对袁政府的态度，因各自在华利益的不同，也趋向各异。但是这些国家都把袁世凯称帝一事，作为他们取得在中国特殊利益的一个砝码。

1 德国的企图

列强各国要想攫取在华利益，无不想方设法培植各自的代理人，尽管各国高谈为谋求远东和平，其肚子里面却是各打各的小算盘。1912 年，德皇威廉二世通过中国驻德公使转告袁世凯，称德国愿意尽其财力、物力赞助中国建设事业，但要对英、日保密。接着，德皇秘密派人谒见袁世凯，呈上德皇密函，具体所谈外界莫知其详，但是据闻与袁称帝有关。密使称：如果接受威廉二世的建议，就请派一极亲信之人赴德答聘，以便共商大计。于是，袁世凯派了他的长子袁克定，以去德国治疗腿疾为由，带着袁世凯的亲笔信赴德。

德国皇帝威廉二世对这位假想中的太子非常重视，曾几次亲自宴请袁克定，与之密谈数次，对他说："中国的政体不适合共和制，只适宜君主制。中国的东邻日本是帝制，西邻俄、英也是帝制。中国能远隔重洋去效法美国吗？当前，民国初兴，执政的全是帝制时代的旧人，革命党还很脆弱。以大总统的权威，变民国为帝国，也是英、日、俄等国的愿望。欧洲有我威廉二世，亚洲有袁世凯，我们两国团结起来，就什么也不怕了。我们德国将会竭尽全力供给财、物帮助你们做到这点，请你们相信我的诚意。"袁世凯听了袁克定的转述后，为之心动。

袁克定回国时，携回德皇威廉二世给其父的密信。帝制问题则更加明白地摆在袁世凯的行动纲领里面了。这就是袁克定积极主张帝制的肇因。所以有人说，洪宪帝制的起因袁世凯占了三成，袁克定倒占了七成，此话并非毫无道理。

1913年底，袁世凯曾秘密派员与德国驻华公使及驻青岛总督联系，试探德国对他实行帝制的态度。在一次大战期间，青岛总督为了维护德国在山东的既得权益，曾表示愿意赞助袁世凯称帝。此项密件后被占领青岛的日军获得，日本才知道袁的帝制自为企图，并视为奇货可居。

一次大战爆发后，起初德国攻势凌厉，东、西战场进展迅速，一时把世界各国惊呆了。但尽管如此，德国仍然是自顾不暇，若是任袁实施帝制，必然失去其主导地位，所以颇不以袁此时实行帝制为然。

德奥方面，为了摆脱在欧洲战场上的孤立地位，亟盼与中国保持友好关系。德皇威廉二世尤其重视中国的动态，他特意派老朋友辛慈（Von Paul Hintze）为驻华公使。辛慈会英、俄、法三国语言，而且擅长化装术，是个老牌的国际间谍。辛慈于1915年1月到达中国，立即使出全身解数，制造中德友好的气氛。随着袁氏称帝的迫切，辛慈在日、英等国提出劝告之时，一反当初（10月中旬）反对袁在欧战结束前改制的态度，有抢先承认之意。

2 英国的狡猾

英国,这个老牌的帝国主义进入中国最早,在华利益最多,因此在中国也最有影响力。英国对华政策一向是以稳定为宗旨,当然其首要的考虑不是为了中国人民的福祉,而是为了本国在中国的利益。辛亥革命时,清政府、革命党无力维持中国的安定,故都不符合英国这个既定的政策,因此英国支持了实力派的袁世凯。

英国略知德国背后行动的一二之后,伦敦《泰晤士报》记者莫理循倡言,凡是德国能够给予袁的,英国也照样能够做到——朱尔典为此特地与袁多次密谈。

朱尔典明白地向袁示意:英国也极为赞同帝制,何必去找德国呢? 1914年8月,袁接到各国对德宣战公文,方才悟到:德国已经自顾不暇了呀! 朱氏趁机谒见袁氏,谋求由英国包办帝制。朱氏先从青岛问题入手,想摸清袁的态度。他向袁说,中国何不趁此时取回青岛,中国不取,日本必取。不如趁日本未动手之前,由英国帮助中国夺回青岛。袁却说,既然我国宣布独立,忽然又出兵,恐怕引发外交争端,使日本疑忌。何况大战胜负未分,德国也是中国的友邦啊。

至1915年5月,日本与袁政府签订《二十一条》之后,日本在中国的势力大增,英国颇有向隅之感。英国急于拉中国参加协约国集团,若在此时变更国体,朱尔典唯恐会引起局势动荡,影响英国在华利益,所以不以帝制为然。8月份,朱氏曾向莫理循公开表示:“现在帝制活动甚嚣尘上,实际是愚蠢之极。这种帝制鼓动是一派胡言乱语。自然,这是利己主义者发动的纯粹虚伪的运动。”等到朱氏得知日本支持帝制后,他又变出一副嘴脸。1915年10月2日,朱尔典谒见袁世凯,二人有一段精彩的谈话。

朱:“君主立宪之日,看来不会很远了。”

袁:“近来各省将军、巡按使即文武百官都说,非君主立宪不能稳固国家基础。既然全国都赞成君宪,我也只好顺应民意。”

朱:“若是国内没有内乱,随时可以实行帝制。这是中国内政,外人无权干涉。”

袁:“内乱不能肯定说没有,但不致扩大。政府可以担保治安的责任。只是对外的问题倒是需要费些脑筋,不知东邻会有何举动?内地治安可保没有问题,至于东三省、蒙古就难说了。这些地方日本人多,一旦日本人被杀,无论是华人为首犯,还是日本人为首犯,日本人都可以造出机会,这倒不可不防。”

朱:“日本人的劝告可能只是照例文章,至于乘时取利,也很难说。”

袁:“大隈首相曾对我驻日使节说过‘关于君主立宪,请大总统放心去做,日本甚愿帮忙一切’。由此看来,日本似乎不会乘人之危。”

朱:“大隈既然这样说,想来是支持的。”

袁:“德使于几天前,请孙宝琦吃饭时说,现在实行君主立宪实在不是时候。他们以为日本必然会趁机有所要求,所以德国有反对之意。”

朱:“德国不过是使用离间术而已。我还没有听到日本反对或借机取利的消息。其实德国反对也没用,其水路交通都被断绝,岂能反对?”

袁:“君主、民主本来都视民意而定。如果实行共和制,大总统任满可以退休养老,若实行君主政体,责任太重,恐怕非我所能胜任。”

朱:“责任太重,不是推辞的理由。现在大总统的责任是各国所没有。不但英国、法国,就是德国、日本,甚至美国总统也没有阁下的责任重大。”

袁:“这是实情。我现在的地位,万分的责任我担当了百分之八十,各部只担当百分之二十。按理说,我该担当百分之二十才对。”

朱:“他人若是担当总统这样的责任,恐怕早已寝食俱废了。”

袁:“我想,自己当皇帝只是几年,至多不过几十年。惟有与子孙有莫大的关系。中国历史上皇帝的子孙莫不孱弱无能,想起来实在可忧。”

朱:“儿孙自有儿孙福,倒也不必想的太多。如果内外没有困难,可以不动声色,陆续进行。”

袁:“当日提倡共和,不知共和为何物。今天主张君主,也不知君主是怎么回事。多数人的脑子里面不过有汉唐明清的专制君主,大概只有百分之一的人知道日本的君主,百分之一的人知道德国的联邦。至于特色的君宪制,可能做梦也想不到。"

朱:"中国人从未研究过共和政体,君主制可能知道一些。辛亥革命时,人民醉心共和,以此口号推翻了满清。当时大总统以为君宪近于中国人的理想。尔典与美国公使嘉乐恒也都主张君宪。南北议和时,唐绍仪一时感动,未察国家万年之计,主持共和,不能不说是失策之举。"

朱:"听说德皇威廉二世曾有亲笔信劝告总统改行帝制,可有此话?"

袁:"确有此函。但现在德国忙于战争,哪能越洋来帮我?何况青岛尚且不保,哪里会再问中国之事?"

朱:"既然大总统坦诚相告,我作为总统多年的朋友,自当尽我所能,凡是德国能够赞助的,我们英国也当尽力而为。"

袁:"老朋友的诺言真使我感动,就是不知如何处理东邻的事情。"

朱:"日本不会放过中国的。不过他们器小易盈,容易打发。只要以后与日本交涉,随时告知我,我会帮助总统对付他们。"

朱:"明年登极,我虽是总统老朋友,再不能随意出入,抱膝而谈了。以后我再见到阁下,恐怕只能在三丈之外,向你三鞠躬了。"

袁:"我与贵使几十年的交情,从前清时承蒙支持。一旦正位,还要多赖贵国帮助。"

朱尔典事后曾力加否认这个谈话,因此有人怀疑这个谈话记录是袁氏臆造或篡改的。不过,外交使节的个人意见并不足以代表政府,这也是一般常识,袁世凯仅根据朱尔典的一次私人谈话,即确认英国支持帝制,实在是有失莽撞了。

这位袁世凯的老朋友反反复复,出尔反尔,其实不过是以他英国的利益为出发点而已。当他得知袁政府与日本有台下交易后,马上又竭力去拆老袁的台。

二 日本企图分裂中国

1 日本引诱袁世凯上钩

《二十一条》签订之后，日本的野心暂时得到满足。

大隈首相于1915年8月兼任外相，9月初在题为《中国的国体问题》谈话中说：

> 中国为数千年的君主国，四年前推翻满清，一举而实现共和制，堪称奇迹。然而，征之革命以来的政治状态，以今日之共和政治，实难达成统一全国之实，更遑论国运之昌隆。由今日中国民情，以及国民知识发达的实情观之，并未达到可由共和制以伸展国运之程度……中国国民的政治思想极为贫乏，对于究竟应该实行君主制度还是共和制度，均在所不问。只要国内和平，生活安定，即可满足。因而大多数人民对于恢复帝制必不反对。

他还盛赞袁世凯四年来的统治，并做出结论说：

> 袁氏……面对中国今日的难局，绰绰有余的显示其统治能力，不失为中国现代一大伟人，其皇帝自为，任何人也不至引以为怪……中国推行共和失败，转而回到帝制，乃是一种极其自然的趋势。中国改行帝制，新皇帝必须具备统一全国的力量，从这一点看来，袁世凯做皇帝乃是一种必然的结果。这是中国的内政，日本不拟干涉。

大隈极力挑逗、煽动袁氏帝制自为的梦想，但又不能作为政府的政策性声明——无怪乎驻日英国公使葛林(W.C.Greene)称其为不负责的发言。可是，中国的帝制派们却视其为对帝制的赞同，袁世凯听了也沾沾自喜。大隈与袁素有交谊，他在早稻田大学总长的任内，曾推荐有贺长雄为袁的政府顾问。但是袁忘记了甲午年的事情，日本政客是惯于说一套做一套的。

2 做好干涉准备

之后，大隈又指示驻华使节和记者：为了不引起骚乱，不要对帝制轻易表态，尤其不要攻击袁世凯个人，以静观为上。同时提醒他们，此问题对将来具有极重大的影响。可是，大隈在不久后接见中国驻日公使陆宗舆时，又心怀叵测地警告说："中国实行君主、民主非日本所问，惟有万勿引起动乱，有妨邻国商务。"又似善意地劝告说："中国似不便于名义多所更换，尤不可轻易改制。"军方则明确主张，趁改制导致混乱的时候，出兵干涉。

9月27日，大隈内阁电令驻华各领馆，探察袁的帝制是否会引起动乱。通过军部、满铁等机关，日本政府获悉：

(1)帝制正在积极进行当中。

(2)政府要人里面除了个别人，如张謇、熊希龄、周学熙、段祺瑞等人之外，大多数人是随波逐流的态度。

(3)一般百姓对此漠不关心，南方虽有少数的反对力量，但成不了气候。

所以分析下来，一旦改行帝制，很可能不会引起大乱。那样一来，日本将失去过问的借口。所以日本要找机会制造事端，以为干涉的依据。说到这里，不得不插上一句，日本人在中国的情报工作简直是无孔不入，通过各种渠道搜集各方面的动态。政府方面有诸如驻华使领馆、东亚同文书院等机构；军方有参谋本部、陆海军司令部、驻华守备队司令部，其他还有中国政府的日籍顾问、记者、医生、学徒、商人、浪人等。而中国要取得日本方面的消息，只有通过驻日使馆，以及临时派往日本的人员。相形之下，日本是知己知彼，而中国是盲人瞎马。

9月底，日外务省又电令驻沪领事井上胜之助以个人名义询问英政府的态度，如果日本反对袁实行帝制，英国可否一致行动。并且告知英国：华南反袁势力强大，一旦实行帝制，必生祸乱，到时各国在华利益必受损害；并且透露德国准备承认帝制的消息，以刺激英国与日本一起反对帝制。为了欧洲战事，英国此时不得不敷衍日本。在得到了英国较为满意的答复之后，1915年10月11日，大限致电驻华公使，告知政府反对帝制的立场。15日，内阁通过决议，决定警告袁缓行帝制。

3 联合警告由日本挑动

1915年10月8日，袁公布参政院决议通过的《国民代表大会组织法》、帝制紧锣密鼓向前推进之时，日本也在积极拟定干涉袁实行帝制的政策。11日，大限致电驻华公使，告知反对帝制的立场。15日，内阁通过决议，警告袁缓行帝制。

10月28日下午，日本驻华临时公使小幡酉吉，联合英、俄两国公使朱尔典、库朋斯基，向中国外交总长陆征祥表示：中国形势并不稳定，帝制如果进行过速，恐怕引起激烈的反对，不如延缓实行，以防患于未然——此即所谓第一次警告。接着，法国公使（10月30日），意大利公使（11月12日）都表达了同样的意见，即中止恢复帝制。此即所谓之“五国警告”。可见此时在对待帝制问题上，日本已居于列强各国主导地位。陆征祥当时不敢把此消息告诉袁世凯，只好一个人徘徊终日，一面嘴里不断地念叨：“总统不是说外交已经办好了么？怎么又出了这样的乱子？”原来，当初帝制议起之时，陆征祥就曾向袁表示过，外交恐怕不好办。曹汝霖也曾说过：“中日交涉（指《二十一条》）好容易敷衍过去，今天又抬出这样的难题，我可不敢负这个责任。”袁世凯一面授勋给二人，一面告诉他们：“外交方面，我已经办妥，你们不必过问就是了。”

在此之前，袁也想到要疏通各国，曾电令驻外使节，谒见各国当局，声言袁本不愿意改变国体，但国民请求殷切，不得不顺从民意。陆宗舆就曾于10月25日谒见石井外相，告知他中国准备改行君主制。但是这一举动稍嫌晚了一些，日本已决定联合英、俄等国提出警告。

11月1日，外交部复照几国公使，称国体变更出于民意，非政府能够左右，而且地方官可以负责地方治安，国内秩序当可无虑——实际上拒绝了警告。11月4日，日本公使不满意中国的答复，再次向外交部提出诘问。同一天，陆宗舆派人到俄国驻日使馆，恳求俄方设法利用大正天皇加冕典礼之机，劝说日本同意将帝制问题延期一个月实施。但石井不客气地回答陆说，中方既然同意缓办，万一帝制突然付诸实施，则日方将认为是对日本的侮辱。

日本所以提出警告，一来是为了袁世凯在承认《二十一条》时，第五号条件未议，始终于心不甘。再有更关键的是，中国各地在实行《二十一条》时，对条文多所阻碍。例如东三省的“土地商租权纠纷”，两国对条约的适用范围多有歧义的解释。锦州县知事坚持锦州不在条约规定范围，拒绝日人移民杂居，并处罚出租房屋给日本人的业主。尤其是中国公布的《惩治国贼条例》中，有取缔中国实业家与外国人签约的规定。为此，日本曾于7月初向袁政府提出抗议。

袁世凯看出，若不对各国的劝告有一个表示，似乎不好交待。于是11月11日，袁派外交官员分赴各国使馆，告知他们：“帝制一事，暂且延缓，本年度内断不实行”——实则否认了取消帝制的可能性，不失为一灵活的外交手腕。

欧战形势瞬息万变，对华政策也时阴时晴。12月初，朱尔典破例地绕过外交部，直接求见袁世凯。谒见时，朱尔典再次劝进。袁世凯还忸怩地说：“人民选举我为总统，而且我也宣誓过要效忠民国，现在怎能背弃誓言呢？”朱尔典却为袁打气道：“人民要阁下做总统即做总统，人民要阁下做皇帝即做皇帝，这是人民的意思，不能算背誓。”袁世凯又说：“五国警告尚未见下文……”朱氏打断道：“这是贵国的内政，且出于人民的公意，外国不应该干涉。”谈话毕，朱氏还调侃地说：“以后体制攸关，我不能随便与阁下谈话了。”

朱氏离去之后，等待接见的曹汝霖见到了袁世凯，曹只见袁满面春风，显出异常兴奋的样子。他让蔡廷干向曹复述了朱氏的谈话，之后，袁世凯颇显得意之色，自信地说，朱必定奉了英国政府的密令而来。于是袁世凯帝制自为的决心更为坚定。

日本人向袁施压的另一个手段就是经济压力。现在袁政府想从欧洲求得借款已是不可能，更为严重的是英国人控制的盐税也不再交给中国政府。顾维钧使出了浑身解数于1916年4月向美国借得500万，但在交付的时候只拿到100万。当政府国库近于枯竭的时候，梁士诒实行过度通货膨胀政策，竟然发行不能兑现的银行券，致使经济濒临破产，加速了袁的倒台。

但是，内阁的计划并不表明日本对华政策的统一，由于元老派以及军方的坚持，日本国内仍有三种意见，即坚决反对、观望和不反对。几次会议都不能决定，后因大正天皇的加冕典礼而暂时搁置。

1915年12月5日，国民党元老、青帮头目陈其美发动的肇和舰起义（又称淞沪起义），是日本人倒袁的另一步棋。

陈其美奉孙文之命，从日本回国发动倒袁革命，任淞沪司令长官。陈其美便在沪滨的法租界里组织机关，准备策动停泊在长江口的肇和、应瑞、通济三舰发动起义，以军舰为主，炮队为辅，分别夺取江南制造局、电灯电话局等要害机关，从而占领淞沪，进而以江浙作为反袁的根据地。

策反活动正在进行中，不料消息走露，袁世凯的北洋军有所提防。袁以换防、北撤，甚至解散的方式，先把陆军调离分散。又派萨镇冰以检阅为名，调军舰出海，离开长江口地区。1915年12月1日，萨镇冰从南京来到上海，命令三舰于6日开赴广东。陈其美等见事机败露，决定5日提前举义。陈命肇和舰舰长黄鸣球为海军总司令，5日夜间率众夺取了肇和舰。同时，陈的人马分头攻打警察局、电话局。岂知，应瑞、通济两舰并未随同肇和行动，陈其美在前往指挥时，各处的炮声逐渐冷落下来。而应瑞、通济两舰在袁世凯的直接命令下，向肇和舰发起毁灭性的攻势。各路起义军相继失败后，陈其美折回机关，准备再举事。但法租界巡捕已经前来查抄，陈不得不逃离现场。

该事件，日本人投入大量人力和财力积极参与其中。日本财阀久原房之助提供三百万元，购得一停泊在上海附近的军舰，大批的日本海军后备役军人参与了起义,起义使用的所有武器全是日造。事后,日本则振振有辞地说,中国政府根本不能控制大局。

4 英法等国企图拉中国参战

五国的联合警告,似乎杯葛行动趋于严重,其实不然。日本鉴于袁政府已然答应缓办,决定不再深究。而欧洲列强为了争取中国参战,意见极为分歧。德奥一方希望与中国保持友好自不必说,协约国同样希望怀柔中国,扫除德国在中国的势力。当时德国通过德亚银行(Deutsche Asiatische Bank)以上海为中心,大肆从事武器走私。英、俄两国极盼中国参战,提供武器、军火。因此有意以承认帝制作为参战的交换条件。法国于 11 月中旬联合英、俄两国准备力促中国参战。他们开出的条件是:

(1)中国与德、奥绝交。
(2)驱逐德国在华侨民。
(3)中国提供武器、弹药给协约国。

但当 11 月 22 日,英、法、俄三国驻日使节向日政府提出此一建议后,日本外相石井菊次郎坚决反对中国参战。他公开的理由是,中国此时急需的是国内的和平,不如不要参战,使中国人民避于战祸之外。其实,日本自有他自身的考虑:

(1)中国参加协约国后,一旦协约国获胜,必然会提出中止《二十一条》的问题。
(2)与其让中国参战,不如将中国束缚在日本的控制之下。

日公使日置益据此询问袁政府,是否有意参战,而袁氏在此关键时刻又犯了他的老毛病——“思虑太多,防患太深,遇大事恐难立断”,反应消极畏缩。

中国此时参战也的确不是时候，袁本人一向倾向于德国，大部分人都以为德国必胜，恐怕将来横生枝节。可是政府又不敢得罪日本人，处于极尴尬的处境。

此时，袁还不死心，便去征求他的老朋友朱尔典的意见。朱告诉他，最好的办法是加入协约国对德国宣战，或许能够改变目前的尴尬处境。

11 月下旬，忽然从华盛顿传来消息说，中国将要加入协约国。并传闻中国驻英公使与英国外交部长签订了条约，两国结为同盟。其内容是：

(1)条约有效期为 10 年。

(2)中英合力驱逐德国在华势力。

(3)中国对德国的负担，无偿还义务。

而英国的回报就是承认帝制。

5 英法不敢得罪日本

日本在没有正式同意三国建议的时候，得知此事，乃通过使节质问有关国家。德国也向中国外交部提出抗议。朱尔典怕日本责怪英国单独与中国有交易，所以连忙否认此事。英国为了欧战，唯恐得罪日本，于 11 月 27 日由驻日英使告知日本外交部：所有英国与中国达成的协议，一定事先告诉日本。这样，归根结底帝制能否顺利进行，全然取决于日本的态度。12 月 14 日，陆宗舆曾将帝制进行的进度告知日本外务省，同时探询日方对延缓帝制的意向。此时，石井的态度好像软化一些，同意在三四个月内，只要中国能防范暴动的发生，然后实施帝制，就算是接受了劝告，不再过问此事。

其实，那时西方各国对于日本反对中国参战极为不满，所以日本有意缓和一下态度，以防造成自己孤立的局面。

日本国内对于洪宪帝制的态度也不一致，陆军省一派是主张助袁的，当然他们并非真正要帮助老袁当皇帝，而是乘机要索取在华利益。可是，外务省一派则坚决主张倒袁，因此明里暗里和国民党联系，希图藉此挑起中国的内乱，以收渔人之利。这也是日本外交历来的“一石二鸟”传统做法，无论帝制成与不成，均能获得利益。英国政府因为与日本有“英日同盟”关系，又因为都是欧洲中的协约国，所以表面上也附和日本，劝告袁暂缓实行帝制，暗中却极尽怂恿之能事。这就是英国的“双重外交”。

6 日本倒袁的政策已定

1915 年 12 月 13 日，袁世凯接受推戴，承认帝位。

12 月 15 日，日本公使日置益会同英、法、俄、意四国公使，向中国外交部表示，既然中国同意缓办，而且能够保证国内治安，五国将对帝制采取静观态度——语气虽然和缓了一些，但并未赞同帝制，这就是五国向袁政府的“第二次警告”。陆征祥答复说，恢复帝制乃是民意，请各国勿干涉中国内政。

其后，德奥公使先后访晤陆征祥，预祝帝制之成功，并提出安排一项向新皇帝“祝颂词”的要求。陆征祥接着又恳请日、英公使，请他们的政府勿再对中国帝制持异议，英方表示谅解。可是，日本却在暗中策动、支持反袁运动。

接着，外交部将“国民代表大会”的两次推戴书和袁世凯的答复翻译成几种文字，分送有关国家使节。惟有政府正式改变国体通告，虽也拟定，但为慎重尚未送出。这时，对外文件一律仍称“中华民国”。外交部又令驻各国使节摸清当地政府对帝制的态度。据说，五国之中，有一国有意承认帝制，但另一国宣言，欧战未了，任何国家不得承认中国改制，该国只好中止承认行动。据信，有关的两国即英、日也。

三　外交泄密案

当初在 1915 年 5 月 9 日，中日签订《二十一条》的时候，其中的第五号因中国人民的激烈反对只好“留待日后协商”。到了此时，日政府便想趁袁欲称帝之机,迫使他全部承认;另外也是为了安抚日本元老派们对反袁政策的不满。

从袁世凯这方面说,云南揭起反袁旗帜,华南各省亦有影响之风声,而帝制已有骑虎之势,袁政府不得不于外交方面谋求出路,以期突破困境,以全力对付国内战事。遂有周自齐为赠勋使的秘密交易。但日方又怕西方各国知道后会提出抗议,所以一再嘱咐袁政府在协商此项交涉时要严守秘密。老袁鉴于日本在华的特殊地位,决心以利益封住其反对帝制之口。

俗话说,世上没有不透风的墙。何况那些外交官、记者们最拿手的就是搞情报,他们看到日本公使活动异常频繁,觉出其中定有奥妙,遂千方百计地挖掘起来。

1915年秋冬之际,朱尔典以巡视各地英国领事馆为名,来到上海,访问了唐绍仪。朱说:"明年袁必称帝,因为中日达成交换条件后,袁加快了步伐,现在已经到了欲罢不能的地步。"唐绍仪说:"贵使一直参与帝制商谈,能否讲得详细一些?"朱说:"中日交涉签字后,听说台面底下,中日尚有密约。日本为支持袁的称帝,必定另有交换条件。"唐说:"如果得到密件,贵使能否设法阻止呢?"朱说:"若得此密件,即可证明日本欲独霸在中国的权益,自然无以面对各国,也无以面对英日同盟,也可帮诸位反对帝制助一把力。如果诸位能够帮助获得密件,一切费用由我国相助。"唐向朱表示将尽力帮助,朱说:"如有所获,则袁氏帝制必不成功,也是中国之福啊!"朱尔典人前一面,人后一面,实乃心怀叵测。

再说,袁乃宽是河南正阳人,据他说与袁世凯是本家,当初名字叫作袁克宽。于是,袁乃宽便拜老袁做了叔叔,从此经管总统府的财政、钱粮,成了袁世凯的大管家。他的儿子袁瑛是京师警察厅的督察长。此人平时有点疯疯癫癫,为表示不苟同其父的拥护帝制,自起了一个"不同"的大号,从此人们不叫他的名字,只喊他"不同"。

那时袁不同正好由京来沪,顺便看望了唐绍仪。袁乃宽总管新华宫的宫内事务,所以袁不同对新华宫的路径极为熟悉。据袁不同说,大总统的所有秘密文件都藏在一个铁制保险箱里面,钥匙由他自己携带。新华宫的内卫长瞿克明掌管签押房,要想窃取密件只有通过瞿克明方可。再说这个瞿克明乃是袁家一个老女仆的儿子，老仆死后，袁世凯将他收养在府中。这瞿克明自小就在袁家当差，很受信任。瞿克明与袁不同最为莫逆，于是一场交易就谈判成功。唐绍仪还特地写信给沈祖宪，叫他帮助袁不同。这沈祖宪当初是唐一手提拔，并介绍给袁世凯的，现在总统府任机要秘书。

瞿克明虽然知道密件放在铁柜之中，无奈打不开锁，于是尽其所能搜罗来相似的钥匙，一个个地试。英国使馆也帮他寻找过。终于，铁柜被打开，取出密件，连夜交给朱尔典，朱拍照后又放回原处。为了这个密件，英国方面出了 100 万的赏格。

不久密件在美国的《纽约时报》上公布。西方各国知道中日秘密条约后，英、美、俄、法、意五国驻日公使联合向日方提出质问，使袁和日本人都极狼狈，日本只好坚决否认有此事。大隈首相特地召见陆宗舆公使，声色俱厉地说："我就知道不能同你们中国人共事，当初我曾告诉过你，此事除了你、我和袁总统之外，不许第四人得知。今天怎么样？"陆宗舆稀里糊涂受了一通申斥，还不知道是怎么一回事呢。此时正是周自齐特使准备赴日之时，日政府一面拒绝周的来访，一面告诉袁世凯：如此重要的密件居然给英国人拍了照，使日本对盟国丧尽体面，日政府也不再履行密约的诺言了。

袁得知此事后大为震怒，严令段芝贵查办泄密案。1916 年 1 月 18 日，瞿克明、内史沈祖宪、交通次长麦信坚、司法次长江庸的弟弟江尔鹗等 30 多人被捕，交由步军统领兼九门提督江朝宗严加审讯。江朝宗看到这些钦犯不好处理，便把他们捆绑在运柴炭的车子上面，送到军政执法处雷震春那里。江朝宗是安徽旌德人，本是个店铺的学徒，不堪劳作，逃奔小站，入了袁世凯的新军。因为他善解人意，又粗识几个字，所以提升很快。

可是，雷震春又何尝愿意牵扯到里面去？雷指着江朝宗的鼻子骂道："这样重要的犯人，你叫我怎么处置？你怎么不送到你步军统领衙门去？却送到我这里来害我，我打你个东西！"说着上前连连打了江几个耳光。江一边躲避，一边捂着两颊说："没打上，没打上！得罪大哥，请息怒，请息怒。"雷还大骂不已："你这小子真不要脸！"幸亏，朱启钤、段芝贵有事来找雷震春，才将二人拉开。袁世凯正在帝制搞得上不来下不去的时候，怕引起人心不稳，不愿深究此事，只把程家柽（大老板程长庚的孙子）、饶智元两人枪毙，其他人便以查无实证，令雷震春都放了。但是沈祖宪坚决不肯出狱，还是老袁派人又是赔礼道歉，又派专人陪同，才把他送回去。有人以诗记其事：

书生白面卧行营，伏甲东厢事未成。
明日柴车街上去，宫中发觉晋阳兵。

这时熊希龄正因湘西赈务来京，见了梁士诒时问道："帝制进行得如何？"梁回答说："专使去不成日本，看来没什么希望了。"

许多参与密笏的大员，如周自齐、梁士诒这些人也是被逼上贼船，心里何尝真的赞同帝制？周自齐于1916年1月6日被任为特使后，曾走访梁士诒。梁说："项城以一念之私，帝制自为，不但把自己置于炉火之上，也把众人拖入猛火地狱之中。现在内外乱象已成，尚不觉悟。他把自己和国家的前途押在日本手中。其实，他自出仕以来，一直以日本为对手，日本对华的国策，他怎么会不知道？知而故犯真是愚不可及。"

后来，人们找到了周自齐访日的礼单：康熙瓷的大五彩瓶一对、大青色樽一对——赠松方正义；宋瓷蓝色大宝塔一座、康熙瓷五彩大樽一对——赠大隈重信；颜真卿墨迹十幅、宋高宗墨迹一幅、雨过天青大瓷樽一对——赠山县有朋；康熙瓷屏风一座、宋徽宗画鹰一幅——赠井上馨等。其他日本政界要人均有赠品。这些珍品并非袁氏个人收藏，而全是取自大内故宫。由此也可看出，袁世凯想做皇帝的一副急迫的嘴脸。

四　新华宫谋逆案

有一天，段芝贵突然拿着一封信来见袁世凯，这封信是袁不同写给奉天张作霖的，运动他起兵反对帝制，恢复共和。张作霖把原信转给了段芝贵。袁

张作霖

世凯见了大怒，连忙把袁乃宽找来，问他知道不知道此事是谁主使的？袁乃宽吓得屁滚尿流，连说回去追问那个逆子。可是回家一看，不同早已溜之乎也。袁乃宽急忙发出海捕的电报，务必将袁不同抓回来。还是天津警察厅厅长杨以德，于1916年1月18日在天津将袁瑛捉住，派人解到北京，交给袁乃宽。这时，在新华宫的花盆里面、侍卫住的房中搜出29枚炸弹。事后一追查，竟然也是袁不同干的——人称之为新华宫“谋逆案”。为此，江朝宗又逮捕了有关的嫌疑人景耀月、孙钟、刘基炎等人。

袁乃宽为了洗清自己，将袁瑛绑缚至军政执法处交给雷震春，并亲自向袁世凯请罪。袁世凯鉴于云南已经举义，外交上又暗潮汹涌，不想内部再横生枝节，牵连太多，便很大方地说：“小孩子胡闹，不值得小题大做，以后多管教管教就是了。”遂命将袁瑛放出；不过因此事，北京九城内外戒备森严，如临大敌。北京的《亚细亚报》为之转圆说：

> 沈、瞿一案与袁四（袁不同）无涉，沈、瞿系有人诬指其有嫌疑情事，遂行传讯，并非被捕。现已讯无他，故即于昨日释出。至袁四公子素有荒唐之目，时与刘基炎相往来。其致函某将军煽乱一事，查系刘某笔迹，迨经执法访缉刘某，早已远扬。既无佐证，故政府对于袁四亦不复究，但均与犯上作乱者不同。

但据袁瑛说，放炸弹一事是袁老三克良指使他干的，是冲着大太子袁克定来的。原来那个袁老三克良也是个疯疯癫癫的人，却同样做着太子梦，他曾当着其父袁世凯的面说：“大哥是拐子，不能做太子。二哥不赞成父亲做皇帝当然也不会做太子，所以轮到我才是名正言顺的太子呐！”袁克文早已表明自己没有野心，拿着“皇二子”的印章到处钤盖，所以只有袁克定成为袁克良的竞争对手。这事环诸情理也有可能，但是毕竟属于捕风捉影，此处也不再深究。此时，袁世凯也的确顾不得这些事情。

日本回绝了周自齐特使，其干涉政策已至图穷匕见之时。1915 年 1 月 18 日，日籍顾问坂西利八郎奉日参谋本部次长田中义一之命，转告袁氏：日本将采取强硬态度。翌日，日本内阁通过一项政策性声明，警告北京，不得忽视“南方”的动乱而实行帝制。21 日，石井外相甚至向陆宗舆发出战争威胁。同日，北京政府不得不向日方表示，原定阴历元旦的登极已作罢论。

总之，从帝制阴谋的酝酿、发酵、成熟、冲刺，几乎每一步都可见列强各国的积极参与，他们为了自身利益，把袁世凯玩弄于掌股之上，使洪宪帝制变成一场沐猴而冠的闹剧。当初纵横捭阖的袁世凯为了一己私利甘心受人摆弄，最终身败名裂，暴疾而亡，怨得谁来？

当初袁世凯不以为意的西南乱局，现在已经渐成燎原之势，需要他认真地对付了。

第六章

帝制强行上马

一　最后冲刺——国民大会

1 国民选举代表

1915 年 9 月 26 日，参政院根据筹安会所策动的各省代表请愿书 83 份，建议袁政府于本年内召开国民会议，表决变更国体问题。9 月 25 日，袁回复参政院，定于 11 月 20 日进行国民会议复选。所谓国民会议是根据约法会议所规定的复决民国宪法的机构，其组织法已经在 3 月 12 日公布。但是召开国民会议须经过国民代表的复选，而袁世凯打算在 1916 年元旦举行登极典礼，这样时间上就来不及了。此时，梁士诒策动"请愿联合会"向参政院建议，国民会议是复决宪法的机构，不能决定国体。9 月 28 日，梁士诒以参政名义，建议另设一个"国民代表大会"的机构来表决国体问题，并早已代为拟定了《国民代表大会组织法》，提请参政院表决。10 月 8 日，政府公布了该组织法。这个组织法以上次国民会议初选代表为基础，进行国民代表选举，手续上自然简便得多。

1915年10月10日，本是中华民国的国庆日，袁世凯却下令停止一切阅兵、宴会等庆祝活动。这明确不过地向国人宣布，民国即将寿终正寝，展现在诸位面前的将是袁氏帝国。接着，筹备国民会议代表的选举工作便紧张有序地开展起来。在实际运作中，从代表的选举到投票的过程，始终是按着两条线进行的。

一条线是表面文章，指定一个"办理国民会议事务局"的机构，办理一切决定国体和选举的事务。该局经常发布一些指示、公告等官样文章，标榜决定国体、选举皇帝都是出于民意，是合法的、民主的。

另一条线是由名义上主持国体决定和选举事务的朱启钤、周自齐、梁士诒、张镇芳、阮忠枢、唐在礼、袁乃宽、雷震春、吴炳湘、张士钰等十人暗中出面，向各省将军、巡按使发出密电，传示"主座"的命令，按内定步骤指示实际的具体选举工作。例如，朱启钤等发给各省关于推戴书格式的密电中有：

> 各省将军巡按使鉴，华密。国体投票解决后，应用之国民推戴书事，内有必须照叙字样。曰，国民代表等谨以国民大意恭戴今大总统袁世凯为中华帝国皇帝，并以国家最上完全主权奉之于皇帝，承天建极，传之万世。此四十五字万勿丝毫更改为要。再此种推戴书在国体未解决之前，希万分秘密，并盼先复。至奏折一切格式，均照旧例，惟跪奏改为谨奏，其他仪式俟拟定再行通告。

熟悉袁世凯作风和内幕的人都知道，袁身边的人可以大体分为两类，一类是所谓的"尊而不亲"的人物，如徐世昌、段

就任临时大总统的袁世凯

祺瑞、冯国璋之类，一些重要事情，尤其是帝制的事情是不让他们参与的。而另一类则是“不尊而亲”的人物，如杨士琦、夏寿田、杨度等人。可能唯一的例外是赵秉钧，他是既亲又尊的，不过很快就“寿终正寝”了。这十个发密电的人，虽不是至亲，但可以说是较亲又较尊的人了。

当时在袁的周围主要有三个包围圈：一是朱启钤、梁士诒、杨度、夏寿田等人；二是袁克定、段芝贵、袁乃宽等人；三是官邸中袁的妻妾子女们。前两者，各有各的作用，又相互有着联系。其中，朱启钤最初为主力，他背后有徐世昌指挥。后来，重心逐渐转移到袁克定这一伙人。而袁克定又整天围着袁世凯，劝说、打动，甚至欺骗他，因为重大的事情还得袁亲自决定。最后连袁本人也不能操纵全局，实际决定权掌握在袁克定、段芝贵、袁乃宽之流手中。

朱启钤还首倡成立大典筹备处并自兼处长。

朱启钤（1872—1964）字桂辛，贵州紫江人。早年结交徐世昌，受到重用，徐任东三省总督时，调他任蒙务局督办。后派他到俄国、日本考察垦政，待他回国时徐世昌已经调回中枢。他与后任的总督锡良相处不协，回到北京不久充任津浦路北段总办。由于徐世昌的举荐，得到袁世凯的青睐，任以交通、内务总长，与梁士诒等人形成交通系。大典筹备处为各衙门员司兼职，分股办事，朱启钤、杨度、袁思亮是其中的主要负责人物。朱启钤在中央公园的来今雨轩开会，说明大皇帝即位，必然要泽被众人，或免钱粮，或裁税款，其他还有种种庆典，非借外债不可——后来，他自己在借款中中饱了几十万之多。徐世昌辞去国务卿时，朱启钤极力挽留，徐世昌悻悻地说：“留我何益？诸位别坑害项城，我就多多拜托了。”

“办理国民会议事务局”和十人密电各有各用，事先交代得也很清楚。谁知，工作开始后，却出了不少的纰漏。原来，各省接二连三地接到“办理国民会议事务局”的电报，指示必须克日筹备进行选举任务。接着又接到十人密电，两方面的要求毫不相同。一些糊涂的将军们不知所从，便打电报去询问。这一来，不仅耽误了许多时间，而且把另一线的黑幕暴露于世人面前，使那十人好不尴尬。

10月25日，某些省区进行国民代表的选举。其过程何止一个荒谬可以概括？首先，由各县县官推荐一名选举人，在指定日期，到达本省指定的地点——将军衙门，去谒见指定的选举监督——本省将军、巡按使。选举监督在一定期限内，随时备有午宴招待前来的代表。宴后，与之个别谈话，介绍本省拟定的代表，形式上是征求意见，但决不允许有不同的意见。然后，立即陪同选举人到投票处投票。如此这般，10月25日，一些省区进行了代表选举，28日刚刚选出的代表就投票表决"国体问题"。

1915年11月20日，全国各省区的"国民代表大会"投票已经完成。

2 代表选举皇帝

决定国体和选举皇帝倒是比较顺利。因为代表选出之后，就在当地由各省将军、巡按使监督下，进行记名投票。选票上面印有"君主立宪"的字样，代表在选票上签上自己的名字，然后写上"赞同"或是"反对"——只此一端，便无人敢说个"不"字了。湖北省督署大门的两旁还站列两排荷枪实弹的士兵，投票大厅周围布满机关枪步队，枪口对准大厅。如此气氛之下，谁人敢投反对票呢？结果当然不言自明。11月20日，全国投票总算是如期完成，代表共计1993人，全部赞成君主立宪制度。选举皇帝的过程依样画葫芦，代表们一致推举袁世凯为"中华帝国皇帝"。

12月11日上午九时，参政院开会决定国体问题。杨度、孙毓筠建议，既然各省"国民代表大会"一致同意君主立宪，参政院应该咨报政府，向袁恭上推戴书。于是，由大会秘书处起草，十一点半完成。代表们三呼万岁后散会。文中以"我圣主"代替了"我大总统"的字样。当天下午，袁将推戴书发还，表示不愿背弃发扬共和的誓言。下午五点钟，孙毓筠提议再上第二次推戴书，众人自然没有不同意见。五点十五分，长达2600字的推戴书写好发出，对袁歌功颂德、推崇备至。

12月12日，袁世凯承认接受帝位。次日，全体国民代表集合，跪在新华门外，大呼："中华帝国皇帝万岁！万岁！万万岁！"请求袁皇帝立即正位。

此后，袁世凯发布一系列命令，计有：

12 月 13 日，禁止反对皇帝的命令。

12 月 16 日，优待清室条件不变的命令。

12 月 18 日，满、蒙、回、藏各族王公贵族待遇不变的命令。

12 月 18 日，故友旧侣上殿免除跪拜的命令。

国民代表大会的代表们选举皇帝之后，任务完成，可以打道回府了。孙毓筠出头，每个代表发给一百元路费，路远的二百元，想把他们打发回家。可是，这些代表这些日子在北京，花天酒地，天天赖在八大胡同不肯出来，欠下了一屁股两肋的账，满以为大总统变皇帝之后，会大大酬劳他们一番。这一百元连打发住店的钱都不够，更不要说那酒楼、饭庄、绸缎庄的账单了。这些代表可不是好对付的，众人吵吵嚷嚷道，我们不是虾灯、蟹灯，由你摇来摆去的，大家抬你做龙头，难道我们还够不上龙尾巴，只给一百元就可以了吗？孙毓筠吓得跑回家里躲起来，代表们追到他家，连打带砸，闹得不亦乐乎。最后还是朱启钤出面，每人又加了二百元才算完事。就这样，还有许多代表都是赤条条地落荒而去，那些还不清的账单，只好混账了。有人把这些代表形容为“夜壶”，还做了一篇《夜壶颂》，以志其事：

夜壶代表足下，窃内务孔艰，藉尔暂行方便。外交势硬，凭卿急应临时。热来溲溺满腔，夺儒冠之残臭；笑到醍醐灌顶，分粪桶之余香。被底温柔，慢夸婆子；客中岑寂，权做夫人。冠带独梁，生性依人左右，氅被浅绿，尊容不像东西。冷卧泥中，凄凉睡鸭；嬉游胯下，寂寞浮鸥。风云三更，怕听铜龙之断续；烟霞一榻，难消玉漏之阑珊。日栖七姑娘墓前，餐风宿露；夜赘王夫人麾下，茹苦含辛。幸而以吮吸之技能，充妻孥之代表。到处受人抢白，尔本无心；有时信口雌黄，卿诚厚脸。小住于锦衾绣褥，俨然夸不世之荣；承欢于一刻片时，真是获无量之宠。捐身报效，任他人倒行逆施；拼命图功，愿自己藏污纳垢。此地只能小便，微躯难奏奇勋。

忆酒酣梦觉之时，携登衽席；恨漏尽更残之候，摒卧尘埃。足下之春梦未醒，而秋魂欲断矣。相思刻骨，片片杨梅；烦恼缠身，丝丝白絮。缄口学金人而不得，粉身入土，窑亦难容。更有奚奴调笑，刺其股而涓涓长流；黠婢捻酸，封其鼻而囫囵待毙。从此呜呜河畔，效天阴鬼哭之声；唧唧沟中，做日暮途穷之泣。祈足下及早埋头，免他人之公毁。非著者趁时饶舌，盖夫子之自道也，专此顺祈骚祺。

把这1993名代表骂得狗血喷头，淋漓尽致。

在洪宪帝制嚣张一时的时候，许多当初的革命党人也变节投靠，除孙毓筠、胡瑛外，最著名的人物有武昌起义的“三武”之一的孙武，在将军府的劝进表上紧接着蔡锷签下自己的大名。事后，他辩解说，他想让袁做皇帝，是为了叫他垮台更快些，可是这种马后炮式的表白，谁会相信呢？

袁世凯的幕僚中反对帝制最力的是张一麐。筹安会成立后，安徽省长倪嗣冲突然进京。张一麐问袁，倪进京何干？袁答曰，他想在北京来个陈桥兵变呢。9月10日，倪嗣冲等十几个军人们邀请张一麐在东兴楼宴会，意在对张进行恫吓。但是，张一麐不为所动，仍然在政事堂会议中大声苛责帝制派，倪手握手枪怒目相视。幸亏在徐世昌劝解下，才没有发生意外。袁世凯见张一麐不为所用，便借机把他从政事堂机要局长的位置上调开，给他个教育总长的冷板凳去坐。张一麐又在12月11日上书袁，剖肝沥胆，切谏帝制不可行。袁世凯却置若罔闻，于第二天接受了国民大会的推戴书，登上帝位。他反而劝张一麐：“幸勿多言，军人将不利于君。”张一麐不禁叹道：“甚矣，直道之难行也！”

二 登极的一幕

1 急匆匆登极

1915年12月12日，袁接受帝位。袁大总统变为中华帝国皇帝。

12月13日，早晨八点多钟的时候，段芝贵突然通知中南海里的公府、政事堂、大元帅统率办事处及各部，司局长以上和各军队师长以上人员，分批参加即日的登极典礼。九点多钟，典礼在居仁堂大厅举行。大厅的北面摆着龙案和龙座，有些奇怪的是龙座摆在龙案的前面，几个袁的贴身侍卫立于两旁。袁世凯穿着平时的大元帅军装，光着头出现在众人的面前。这时，攀龙附凤的人们纷纷跪下，行三拜九叩大礼，因为没有司仪，所以动作纷杂，一点也不整齐。袁并没有坐在宝座之上，而是站在旁边，左手扶着龙椅的搁臂，右手向上对行礼的人点头示意，作出一副谦逊之态。新皇帝发表了简短的讲话，意思说，当今国事艰难，全国人民恳请更改国体，并推戴我即帝位，既是万众一心，我也义不容辞。唯时局艰难，当此大任，无异跳入火坑，我为国民，明知是火坑，也不能不跳。你们众人应共济时艰，建立新中国云云。之后，赞礼官鸣赞，行三鞠躬礼，在一片寂静中悄然退下。引人注目的是，黎元洪、王士珍、段祺瑞都没参加典礼。更重要的是，没有一个外国使节参加典礼。参与典礼的人们都觉得，这个“旷世盛典”仪式是在匆忙、草率的氛围里完成的。典礼过后，也没有举行什么庆典，人们各自回去照常上班。大家表面不说，私下里悄悄议论：怎么新皇帝第一次讲话就有跳火坑这样不祥之语？再有，难

洪宪皇帝的玉玺

道这就算改朝换代了吗？这样重大的事情何以办的如此不成体统？简直就是一副羞于见人、关起门来做天子的味道。其实，他们哪里知道，老袁处于内外微妙复杂的关系之下，正好比踩钢丝一般，一步走错，则有身败名裂的危险——结果还是走错了。所以他身边的副官说，袁以往一向决断明快，是个敢作敢为的人，但是在称帝一事上却犹豫不决，深为情绪冲突所苦。

袁世凯准备登极后发行的洪宪金币，十元正背面各一

典礼完毕，袁的老友王筱汀问周学熙："新皇帝今日出此不祥之语，为什么没人讲几句宽慰的话？"周学熙道："有什么好说，要说，只能说'诚如圣谕'而已。"

虽然底下的人多有疑虑，可是袁世凯、袁克定父子对大典能够迅速举行，还相当满意。因为当时国内外的情势十分不稳，袁以为只有以快刀斩乱麻的手段迅速正位，一切问题都将得到解决，以免夜长梦多，再生变化。背后，最积极的要属袁克定和段芝贵，袁克定自然以储君自居，段芝贵也以开国元勋为期许，将来是一人之下万万人之上。所以他二人极力劝告袁世凯先在内部举行登极仪式，然后再通知外国使节，这样既可以节省支出，又可避免不必要的麻烦。他们在将一切准备好了之后，只等老袁一声令下。一次，袁克定和段芝贵从皇历上看好阴历十一月初六、初七两天都是黄道吉日，就撺掇袁世凯正位。袁历来相信命相、阴阳这套把戏，便答应了。二人立即通知代行立法院在十一月初五（1915 年 12 月 11 日）呈送上推戴书。次日，袁世凯宣布接受帝位，群众反应很木然。那时，北京城里天天都在传说袁世凯即将登基，日子长了，反而从关心变为不关心了。所以袁宣布接受帝位，在众人看来是必然的事情。另外还有两件值得一提的事情是：

12 月 13 日，颁布申令，"改变国体系出于民意，如有好乱之徒造谣煽惑，

图为穿着洪宪
皇帝戎装的袁世凯

当执法严惩”。

12 月 16 日，废清室表态：“凡我皇室，极表赞成。”而袁则宣布：“清室优待条件永不变更。”

2 羞答答改元

袁世凯本来预定在 1916 年正月初一正式改元登极，可是由于云南起义，各国使馆又退还改元的公文，袁只好宣布延缓登极。所以在元旦这天，只是文武百官照常例，给袁拜年。袁仍然穿大元帅军服接受百官的朝拜。孙宝琦时为国务卿，在前面领头行九鞠躬礼，而众官员在后面行跪拜礼。贺礼后，众官员又到便殿行觐见礼，这时张一麐也在场。众官都趴在地上叩头，独有张一麐只鞠躬而已。有些鲁莽汉子过来挟迫张跪下，张拗不过他们，只好暗自垂泪罢了。次日，由蒙古王公们在居仁堂向他恭贺登极，这次就完全按照拜见皇帝的礼节，袁头戴平天冠，身穿衮龙袍，站在宝座旁边，说了一句“余一人有庆，与诸公共之”，便退下去了。

大典筹备处通知给各报纸，从丙辰(1916)元旦起用“洪宪”纪年，为“中华民国洪宪元年”——这也是个莫明其妙的古怪称呼。到了元旦那天，全国各报纸五花八门全乱了套，有的使用“中华民国洪宪元年”，《亚细亚报》用的是“中华帝国洪宪元年”。有一个《醒华报》把“洪”字的三点水印得模模糊糊，成了“共宪元年”。

说起“洪宪”这个年号，也使老袁颇费脑筋。在讨论新朝年号时，底下一群参谋们各出心裁，有的人说开国皇帝的年号都有“武”字，袁克定一党为了迎合主子，提出“定武”。袁克文一党则反对说，夺取天下以武功，但治理天下当以文治。最后还是符应图谶一派占了上风，这派认为，五百年必有王者兴，从朱元璋至今刚好五百年，所以主张要有一个“洪”字。而且克制清朝的人物都应当有个“洪”字，如洪承畴、洪秀全、黎元洪等等。再有当今是立宪的时代，以“洪宪”最为恰当。于是，年号就这样定了下来，这之后，马路上商家店铺的幌子上面有共和字样的一时不好更正，便用颜色涂一大圆圈。有人作诗记载其事曰：

武定文功未纪年，梅花洪数应先天；
安排新岁告王制，字字共和圈大圆。

当时，街上的小儿唱歌谣曰：

一路圈儿圈到底，到底再圈圈不起；
帝制不过画圆圈，空圈圈了圈自己。

通衢小巷之中，儿童歌唱不已，有人报告了，警察出动沿街喝令不许再唱。

随着帝制的进行，大典筹备处还公布了洪宪朝的国旗、国歌。

洪宪朝的国旗是长方形，正中一红色十字，左上角为黄色，右上角为黑色，左下角为蓝色，右下角为白色。洪宪国旗由海军总长刘冠雄设计，刘是留英出身，大概灵感得自大英帝国的国旗。据说他设计完成后，非常得意，连夜敲开新华宫大门，请袁世凯过目。袁也很满意，立即下令大典筹备处照样赶制。只可惜，这个不伦不类的国旗从未悬挂过一次，便胎死腹中。

洪宪朝的中华帝国的国歌：

帝国数万年，一脉传，文明莫与肩。纵横数万里，膏腴地，独享天然利。国是世界最古国，民是亚洲大国民。懿欤大国民，休哉！惟我大国民，今逢圣德主，琳琅十倍增声价。吾集骑狮越昆仑，驾鹤飞步太平洋。谁与我，仗剑挥刀，懿欤大国民，谁与我，鼓吹庆升平。

至于哪位音乐家为之谱曲，不得而知。

不料袁政府决定改元洪宪之后，首先在外交上遇到了阻力，中央政府对外文件中凡是带有“洪宪”字样的，都被原封退回，把袁世凯弄得好不尴尬。只好又改为西历，各国才肯接收。这时，日置益向袁透出口风说：“这都好商量，只要日本承认，其他国家自然会照行不误。”袁世凯自然理解其中的潜台词，于是一笔秘密的交易在暗中加紧进行了。

1915 年 11 月，日本大正天皇践祚典礼，袁曾派驻日公使陆宗舆为使节，代表中国政府参加庆贺典礼。这时，日公使日置益向袁建议，各国在天皇加冕后，照例都要派特使前往祝贺赠勋，中国何不派一特使前往，顺便办理中日之间的未了之事——何谓“未了”，其中大有深意。袁唯恐日本在此关键时刻，再出什么岔子，便派农商总长周自齐为特使赴日，向天皇颁赠大勋位。为了抬高周的身价，特加以“上卿”衔；同时派曹汝霖协助周办理交涉。周去日的目的，除了准备借款以应付捉襟见肘的财政困难外，也带去了丰厚的礼物。其中有交通银行交由中日合办——交通银行和中国银行本是中国国库，这无异于将国库拱手让人；还有满蒙、山东沿海若干权益，以换取日本对帝制的承认。当陆宗舆把这一安排通知日政府时，日方以俄国特使正在日访问，希望中国使节能在来年 1 月 21 日以后成行，并且通知中国方面决定给予周自齐以亲王的礼遇。于是，周自齐决定取道京奉、南满等线，定于 1 月 24 日抵达东京。

周自齐

1916年1月14日，日本公使日置益在使馆为周自齐设宴饯行。第二天正当周特使准备动身之际，日本使馆突然电话通知外务省请周缓行赴日，大勋位也不便接受。日方解释拒使的原因说，两天前（1月12日）大隈首相遇刺。而激进党刺杀他的原因，就是因为其对华政策的消极。而且流亡在日本的中国革命党人和留学生们，基于义愤放出空气说，将有不利周特使的行动。日方怕如果有出轨的行动将有损于日本的尊严。另外，无论帝制成功与否，以民国大总统名义颁赠的勋章，到那时都不能佩戴，那样将会造成外交上的困难，所以决定不接受袁的礼物。后来，接到陆宗舆的专电曰，报载日政府辞使的原因在于中国政府扬言，周特使一回国即实行帝制，颇启列强各国之疑窦。中国南方也有卖国使节的说法，使日政府殊为迷惑。其实，这幕后的真正原因还有一段极为隐秘的故事——这就是前面提到过的所谓“外交泄密案”。

3 “不敢当”的皇帝

袁世凯登极之后，他的原配夫人于氏自然正位中宫，成了皇后娘娘。孙宝琦的太太率领众官眷来到宫中，给这位于皇后磕头，行拜见礼。原来，孙宝琦和袁世凯是儿女亲家，所以平时他们的太太也以亲家母相称。当孙太太领着一群命妇跪倒在地的时候，于氏连忙站起来说：“亲家太太，各位太太，皇后不敢当，不必行礼。”宫中的女官告诉她，皇后应该坐着接受大家的朝贺，强把她扶坐在宝座之上，不叫她还礼。于氏很不好意思地说：“做了皇后，这还礼也不行了，真是不敢当。”诸位官眷又请拜贺皇帝，于氏又说：“皇帝也不敢当。”当这幕滑稽戏传至外面，一时“不敢当”成了京城内外的口头禅。

洪宪帝制取消之后，一次孙文在给国民党的干部开会时，想起来这件事。他说：“吾人革命，对于国政当多外行之事，理所固然。即如袁项城登极，其皇后受官眷朝贺，声声言‘不敢当’。岂有皇帝、皇后受臣下跪拜而言不敢当者？足见袁家虽世代簪缨，身居帝位也是外行。愿吾革命党人与闻国政，不作外行之事，如洪宪皇后之为不敢当语也。”

元月五日这天，袁世凯在新华宫赐宴，招待文武百官。袁仍然穿大元帅军服居中就座。以下按照特、简、荐、委依次排列。宴会前，国务卿孙宝琦率领众官员向袁行三鞠躬礼，然后入座。宴会上面，袁宣布，新朝有三件事情不同以往，即，实行君主立宪、废除跪拜礼、取消太监制度。宴会后，众官员又三鞠躬退席，并到参政院领取“福”、“寿”字各一方。次日，由蒙古王公们在居仁堂向他恭贺登极，这次就完全按照拜见皇帝的礼节，袁头戴平天冠，身穿衮龙袍，站在宝座旁边，说了一句“余一人有庆，与诸公共之”，便退下去了。

其中一个叫颜世清的官员，从袁世凯那里退下来后，又去给袁克定拜年。当他给袁克定跪下，袁克定过去扶他。原来这位颜世清腿也有些毛病，袁克定的左腿跛，颜世清右腿跛。袁克定拄着拐杖扶他时，他手撑着地往起站，两人各留一条腿在地上。旁边的袁克文、袁克良看了大笑不止。袁克定呵斥他们儿戏朝仪，袁克良不服气地说：“大哥还真的以储君的威仪吓唬我们弟兄不成？世界上哪有瘸皇帝、聋皇后(吴本娴有些耳聋)的？”袁克定气虽然气，可是拿他这疯癫癫的弟弟也毫无办法。

袁克定还准备在家里行拜见仪式，改称呼。因为在家虽然是夫妻、父子，但也毕竟是君臣，所以家里也要定君臣的名分——

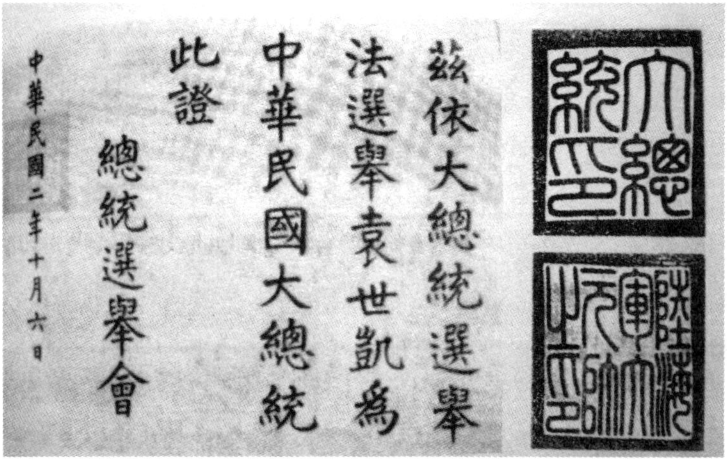
茲依大總統選舉法選舉袁世凱為中華民國大總統此證

總統選舉會

中華民國二年十月六日

袁世凯就任大总统的证书

实际上是想摆他大太子的架子。袁克定原想叫他母亲于氏带领全家向袁世凯行三拜九叩大礼，便把住在中南海福禄居的母亲请来，给她讲解如何行礼如仪。不料，于氏坚决不干，她说："叫我带头给他磕头，我不能磕。我给他生儿育女，还得给他磕头？他弄了这么多小老婆来，又给谁磕头了？我活到白了头，又出了皇帝啦！"说罢，扬长而去。袁的姬妾、儿女们也都一哄而散。袁世凯平日对于氏很尊重，所以对此事装作不知道也就过去了。后来，这件事传出去，人们取笑道："打开国门做不成皇帝，关上家门还是做不成皇帝。"

4 黎元洪不当"武义亲王"

1915 年 12 月 15 日，袁承认帝制后的第一道命令，即册封黎元洪为"武义亲王"。袁又令在京文武简任以上的官员，赴东厂胡同黎氏府邸致贺。当天早晨 7 点钟左右，人们即拥向东厂胡同，致使南起东安市场，北至朝阳门大街，东自隆福寺，西至皇城根拥挤不堪，人满为患。至 8 点半钟，由国务卿陆征祥率众请见，并致贺辞。黎元洪当场拒绝接受。下午，袁又派成衣裁缝到黎家，为他定制亲王制服，也被黎拒绝。因此，袁派往黎邸的护兵、卫队等都痛恨黎，大骂他不懂好歹，不识抬举等等。黎置若罔闻，装作没有听见。

第二天，步军统领、九门提督江朝宗自请命于袁，说他必能让黎接受王位。于是江来到东厂胡同黎的宅前，手捧诏书，跪在地上，大声呼道："请王爷受封！"开始黎不理他，但是江长跪不起，嘴里一个劲地呼喊，惹得黎元洪怒从心起，疾步走出，大声喝道："江朝宗，你哪里这样不要脸！快快滚出去！"江仍然挺身直跪，双手捧诏，连呼不断。急得黎元洪高叫仆役和卫士们将他拖走，才算完事。

黎元洪不接受"武义亲王"，当时北京有一个唱花旦的女伶金玉兰，唱作俱佳，扮相又好，被人戏封为"武艳亲王"。

袁本想封溥仪为"懿德亲王"，可是张勋来电请求保存清室帝号，待以外国君主之礼，袁才没有敢发布这个命令。

21 日，袁皇帝封爵如下：

一等公：龙济光、张勋、冯国璋、姜桂题、段芝贵、倪嗣冲。

一等侯：汤芗铭、李纯、陆荣廷、朱瑞、赵倜、陈宧、唐继尧、阎锡山、王占元。

一等伯：张锡銮、朱家宝、张鸣岐、田文烈、靳云鹏、杨增新、陆建章、孟恩远、屈映光、齐耀琳、曹锟、杨善德。

一等子：朱庆澜、张广建、李厚基、刘显世。

一等男：许世英、戚扬、吕调元、蔡儒楷、段书云、任可澄、龙建章、王揖唐、沈金鉴、何宗莲、张怀芝、潘榘楹、龙觐光、陈炳焜、卢永祥。

袁还公布“旧侣、耆硕、故人均勿称臣”的命令。

旧侣：黎元洪、奕劻、世续、载沣、那桐、锡良、周馥。

耆硕：王闿运、马相伯。

故人：徐世昌、赵尔巽、李经羲、张謇。

张作霖因劝进有功，也以中将的资格破格地封了一个二等子爵——按照他的资历，至多只能得个轻车都尉罢了。但即使这样，张作霖还是不买账，他认为王占元和他都是将军，却封了侯爵，便请起了病假，段芝贵亲自登门探视，他也挡驾不见。那时段芝贵为奉天将军，是张作霖的顶头上司。原来这是老袁故意安排的，因为段芝贵的父亲在前清时极力主张招抚张作霖，所以也算是张作霖的恩人，故此将段芝贵放在奉天以节制张作霖。谁知张作霖密嘱袁金铠等人，筹设“奉天保安会”，准备来个变相独立。段芝贵闻知大惊，连忙密电老袁，再次给他破格封为侯爵，这才销假上班。谁知，张作霖得寸进尺，一天早晨，张率领一班关外大汉，来到段芝贵的督署，向段芝贵说：“洪宪皇帝马上登基了，大帅是开国元勋，特来请示大帅何时动身进京，好为大帅饯行。”段也机警，忙说：“明天晚上就走。”段临走时，将张锡銮留下的几十万余留全部装入自己腰包。从此段芝贵跻身十三太保之列，一心筹划帝制之事去了；直到 1926 年在津因脑溢血去世。而张作霖做起了真正的东北王。

袁还仿照汉高祖刘邦的故事，把徐世昌、赵尔巽、李经羲、张锡銮四人封为“嵩山四友”。徐私下里对人说：“所谓嵩山四友，即是永不叙用的意思。”便谢而不受，回到东四的家里，把书斋名为“谈风月馆”，躲在一边观望去了。令人莫明其妙的是，虽然他表面不拥护帝制，却穿着洪宪特制礼服拍照留影，真叫人捉摸不透他的心思。赵尔巽早在看到筹安会宣言时，便痛哭不已，辞去清史馆长后，安心地做他的遗老。李、张二人对老袁也是极为冷淡。

张人骏的长子张允言娶了袁世凯的长女袁伯祯。但是自从袁世凯当了总统之后，张人骏便对他恨之入骨，骂他道：“欺负人家孤儿寡母，比曹操还不如。”因此，他的儿子也冷淡袁世凯，常借故不去应酬这个岳父。袁的长女也就很少回娘家。张人骏高兴地说：“这真是我的贤儿佳妇。”洪宪帝制之后，袁世凯封这个女婿为少卿，人们都来拜贺。张人骏奇怪道：“我家并无喜庆事呀？”等他知道了原委之后，冷笑道：“袁世凯为了笼络人心，才想出这个办法，小孩子无知上了他的当。”

当袁宣布接受帝制，并议定明年改为洪宪纪元后，袁克定命令指挥使徐邦杰，叫他传谕宫中各处，以后改称袁克定为“爷”，称他母亲于氏为“老佛爷”，完全仿照前清慈禧时代的称谓。徐邦杰同几个幕客商量了一下，没有理会这位“爷”，过后，也就不了了之了。

5 洪宪女臣

民国建元，妇女的地位大大提高，所以洪宪帝制议起，还有一般妇女赶来凑热闹。当时的妇女活动家大致可分为三种类型。

第一类属于高尚一流，其代表人物是吕碧城。吕是安徽旌德人，诗词歌赋不让须眉，连当时名士樊增祥等人都佩服她。吕还热心女子教育事业，曾任北洋女子师范学堂校长，后被袁聘为总统府顾问。跟随其后的也多是精通诗文的名门淑女。

第二种类型是政客类的人物，安静生就是其中的典型。安静生原籍山东，自称出身世家，女子师范毕业。请愿联合会出现后，在顾鳌、薛大可等人的怂恿下，安某组织了帝制“妇女请愿团”。她和政界人士多有过从，人们谑称为“安大浪”，可见其为人。后来，她又被聘为总统府“女官长”，地位煊赫，收入丰厚，京师中有口号说：“做官当做财政部，娶妻当得女官长。”

最荒唐的是第三种类型的放浪女士，沈佩贞、唐群英等为其代表。

这沈佩贞原是同盟会中的革命者，自任“女子参政同盟会”会长。民国元年时，她为了争取妇女的参政权，曾在参议院会议上掴了宋教仁一记耳光。二次革命后，大部分革命人士南下，而沈佩贞滞留北京未走，被袁礼聘为总统府顾问，每月发给二百元津贴，原意为通过她笼络国民党人，或是打探国民党中的消息。她曾在北洋女子学堂学习，因此袁曾对她说：“你也是我的门生呢。”

沈的名片上面中间一行印有“大总统门生沈佩贞”的字样；旁书“原籍黄陂，寄籍香山，现籍项城”。沈佩贞拜九门提督江朝宗为干爹，拜段芝贵为叔叔，总统府中的要人全是她结纳的对象——当然权贵也需通过她认识倾城倾国的“女志士”。所以，沈佩贞出入总统府不但无须证件，而且那些卫士还要向她举枪致敬。江朝宗还为干女儿设立了一个“办事处”，有干事，有秘书，俨然堂皇的大机关。至于所办事情，美其名“赞助帝制”，实则是个安乐窝。段芝贵公余就来此处饮宴，奔走权门者自来凑趣。在沈佩贞麾下的一群女将，有刘四奶奶、王三太太、蒋三小姐等数十人，自然皆非等闲之辈。

一次，沈佩贞及她的女将们和一伙朝中要人，在“醒春居”幽宴，居然有嗅足行酒令的丑态，被《神州日报》记者探到消息，在上海登了出来，连载三日。沈佩贞知道了，大为恼火，要求报纸主人汪彭年登报道歉。汪不但不理会，反而更加揭露其中的内幕，连江朝宗、段芝贵都捎带了进去。气得沈佩贞带领刘四奶奶、王三太太、蒋三小姐等二十余人，前往南横街汪彭年宅登门兴师问罪，江朝宗派卫士若干，由少将黄祯祥领头，陪同为娘子军助威。岂料，汪闻讯后早已避开，沈佩贞等人大发雌威，将汪家一切尽行捣毁。这时，住在汪家的一个房客，江西籍众议员郭同，眼见不平之事，便出来和沈佩贞等理论。沈又率人跑到郭的屋里，乱砸一通。郭同议员光着脊梁，赤着脚，大骂这一群女将。娘子军们火气上来，蜂拥上前，抱头的抱头，捉脚的捉脚，揪头发的揪头发，直把郭像是抛麻袋似的抛到院中，重重地摔在地上。郭同不懂得好汉不吃眼前亏的道理，还左手提着裤子，右手指点着那帮女人们在怒骂。幸亏，路过此处的刘成禺出面调解，江朝宗下令，这场闹剧才收场。郭同不甘心，一纸诉状告到首都地方审判厅，汪彭年本是事主，现在却和刘成禺一起做了证人。有人作打油诗记其事，曰：

最是顽皮汪寿臣，醒春嗅脚记来真；
何人敢打神州报，总统门生沈佩贞。
杯酒调停事不成，郭同起诉地方厅；
议场捣乱刘麻子，糊里糊涂做人证。

恰在此时，上海的《时报》上面登载了另一首打油诗：

欲将东亚变西欧，到处逢人说自由；
一辆汽车灯市口，朱三小姐出风头。

说的是内务总长朱启钤的三女公子。

袁世凯看到这些，颇为震怒。于是，授意肃政使夏寿康提出整顿风纪的提案。袁借机要内务总长朱启钤回去管教他的女儿，并要严办沈佩贞。政府责令江苏巡按使和警察厅，通告报界，说总统府顾问中并无沈佩贞这个人。没有了总统做后台，地方审判厅很快开庭审理郭同状告沈佩贞一案。审判官尹朝祯示意证人刘成禺作证前先宣誓，保证所说都是实话。刘问尹："当时男女相骂，极为难听，我要是照实讲出，犯法不犯法？"尹未及答话，旁听的人大呼："不犯法！不犯法！"于是，刘将那天的实情照样叙说一番，尹听到实在不堪入耳的时候，似乎不愿意再听下去。刘说："庭长不愿听，不必再说下去，可能会犯法。"旁听的人又嚷："说下去，不犯法！"

最后，沈佩贞败诉，被判处监禁半年。沈大哭道："他们叫我打神州报，我却受罪。"

第七章

缓办帝制

一　蔡锷和云南独立

1 蔡锷生平

蔡锷(1882—1916),原名艮寅,湖南宝庆(邵阳)人。蔡出身于自耕农家,7岁入塾读书,显示其聪慧特质,其父遂决心供他深造。1894年,蔡投到本县名士樊锥门下,樊乃是思想激进,类似康梁一类的人物,因此对蔡锷思想的形成,起到至关重要的作用。经过科举时代的童子试,蔡锷于16岁那年,从宝庆步行到长沙,进湖南巡抚陈宝箴所办的"湖南时务学堂"学习,受教于梁启超。蔡锷在当时的学生中年龄最小,家境最贫,学习最刻苦,最具明辨力,也最受梁启超的赏识。戊戌政变之后,梁启超流亡日本,学堂解散,蔡锷只好负笈武昌,但被指为梁徒而不纳。他又转往上海,想入南洋公学。可是,因守旧势力的猖獗,蔡锷又千方百计筹了一笔路费,与范源濂一起于1899年东渡日本访师。蔡一到日本，即加入唐才常组织的“自立会”；并于1900年5月随唐等人回国参加自立军起义。起义失败，蔡锷因外出执行任务免于被捕，又返回日本。这时，他才改名为蔡锷。1903年，蔡锷进入日本士官学校骑兵科。他在士官学校成绩优异，与蒋百里、张孝准、周家树同被誉为“留东四杰”。蔡锷受日本教育的影响，早年推崇军国主义，他认为一个国家要富强必须假手一个雄才大略的君主。所以，他和杨度的君宪思想极为接近，二人在日本交往甚密，每到假日，蔡必到杨那里聚会。

1904年7月，蔡锷回国后，曾被端方聘为湖南教练处帮办、武备学堂教习。后被李经羲所赏识，随他到广西，任新军总参谋官、总教练官、随营学堂总理官等。蔡锷在广西5年，为当地训练出许多军事人才，造就出后来大大有名的桂系军人——如李宗仁、白崇禧等。他一到广西，即组织“武德会”，其目的在使军人卓立于一般社会人士之上，起到领导作用。他并以法国占领的越南为假想敌，亲自到越南进行侦察，拟定了全面的用兵计划。蔡锷治军严肃，办事认真，与士兵同甘共苦，故深得军心。他自身德才兼备，又有其师梁启超的提携，所以虽然身处西南一隅，名声却远播海内。1906年，北洋军举行彰德秋操时，蔡被邀为评判员——那时，袁世凯已经留意他，想延揽过来为己所用。

蔡锷在广西几年，虽然为当地建立不少德政，但因才高任重，难免遭忌。同时因当时省籍观念过重难免引起当地人的反感，例如，1909年他任广西陆军混成协干部学堂总办时，招收的学生百分之九十是湖南籍，遂使广西人大为不满，导致学校罢课，商人罢市，最后发生了“驱蔡”的一幕。他遂于1910年11月，随李经羲去了云南，任陆军三十七协协统。在军队中，他援引了大批日本士官学校毕业的学生，这些少壮军人后来成为护国军的基本班底。其时，帝国主义瓜分中国的传言甚嚣其上，蔡锷为此辑录了曾国藩、胡林翼的《曾胡治兵语录》，提倡“存诚去伪”以唤起国人道德。

蔡锷与黄兴在日本同属“留日湖南编译所”的同仁，二人感情笃厚。辛亥革命时，蔡锷在昆明率新军起义，被推为大汉军政府云南都督。接着，他又出兵贵州平乱，遣使联络广西袍泽，可说是一身系西南大局，这也是他后来起兵云南的基础。蔡氏律己极严，自定月薪60元，除此之外不支任何费用，他每天六点起床，先赴各机关巡视，用毕简单早餐后，即开始一天的公事。蔡锷深受士兵拥护和爱戴，在云南极有人望。

1912年，君宪派的一些要员，如黎元洪、程德全等人主张中国实行联邦制。蔡锷却不以为然，他以为中国非有一个强大的中央政府不足以图存，和国民党宋教仁的观点不谋而合。因为其师梁启超的影响，在政治上，蔡锷更接近于立宪党人，1912年6月，蔡锷通电欢迎梁启超回国，以联合黎元洪、章太炎与同盟会抗衡。他原属统一共和党，但愤于政客利用政党谋求私利，于8月通电退党。他和许多国民党人也保持良好的私交。在二次革命时，李烈钧曾劝他以滇省独立，但他一方面不想与其师梁启超唱反调，再有以他军事家的眼光审时度势，所以保持了审慎的中立。可是一些平时忌妒他的人整日在袁面前说他的坏话，袁世凯因此对他疑虑重重。

1913年袁世凯调他进京时，蔡已在云南两年，其治滇政绩已至为可观。例如，开设富滇银行，开采铜矿，普及小学教育，派遣留学生等。

2 袁世凯本想重用蔡锷

蔡锷以湖南人主持云南，在那个极重地域观念的时代，也是困难重重，以至手下有的师长被人谋害。蔡锷本来就考虑，云南地处西南边陲，地瘠人穷，难以施展抱负，早想离开此地，向中原发展。他曾请托老师梁启超代为致意袁世凯，袁说："可以让松坡来中央组阁，或主湖南都可。"其实，这不过是袁的一种手腕，他哪里会把地处南北咽喉的湖南给一个外人掌管？但是袁正好利用这个机会，把蔡锷调开。袁氏早已注意到这个治军严肃、持身廉洁的年轻人，但又不放心把他放在湖南，决心将其纳入自己的夹袋之中，邀其北上。袁政府遂于1913年9月25日下令："蔡锷准给病假三个月，着来京调养。"又派范源濂之弟范熙绩到云南迎接蔡出滇。同时，调唐继尧代理云南都督，刘显世为贵州护军使。袁这时已平复了国民党的"二次革命"，统一了全国，不怕云南以一隅之地造反，所以敢于公然调蔡锷进京。蔡锷有病是真的，他患肺结核多年，身体异常消瘦。但何须非到北京调养？这时，蔡对袁的看法是"中国的一个人才，能把中国治理好”，他要“帮助袁渡过难关”。10月10日，蔡锷卸任，悄悄离开昆明。当蔡锷于11月到了香港方才知道，袁早在10月18日委任汤芗铭做了湘督。

蔡锷刚入京时，对袁并无太多恶感。他到达北京的当天，袁就接见了他，并且当面赠予一万大洋，被蔡辞谢。晚上，陈宧宴请他时，蔡锷很高兴地说：“总统称我松坡先生，对我很尊重。”陈宧倒是老练地告诉蔡说：“叫你先生，就是叫你先死。”还告诫他说，不接受总统的赠金就是看不起总统。蔡锷到京后，以在桂、滇两省研究多年的以法、日两国为假想敌的国防大计上呈袁总统。袁世凯非常重视，立即授以“昭威将军”，并发表其为经界局督办、陆军部编译处副总裁——有意以他作为段祺瑞的副手、陆海军大元帅统率办事处办事员等，以后又陆续任他做政治会议议员、参政院参政等要职。蔡锷开始对袁抱有幻想，所以对他惟恭惟谨，不敢因其是闲职而心存任何不满。

蔡锷到京后，即和张绍曾、阎锡山、尹昌衡、蒋方震等人组织了“军事研究会”，讨论军事方面的问题，谋求改革军事教育，提高军事技术。他在经界局组织力量，整理中外经界图籍，制订了《经界法规草案》、《中国历代经界纪要》、《各国历代经界纪要》等，还准备丈量全国土地，确定土地等级及纳税标准等等。他在统率办事处虽然不过是挂名，但却天天上班，从不缺勤。日子长了，老袁见蔡锷并无特殊表现，还笑话那些说他坏话的人未免太夸大其词了。

当日本提出《二十一条》时，全国舆论大哗，蔡锷曾向参政院提出与日背水一战的提案。袁为此召见他，蔡便乘机向袁进言：“今日人心未尝不可一用，同样是亡国，与其投降而亡国，何必不打他一下？我在云南练兵数万，正待此时一战。”袁答道：“眼下和日本的交涉还有转圆的希望，如果日本真的逼人太甚，我也不敢担负这天大的责任。到时候，我必将借重你的力量。”

3 袁世凯猜忌蔡锷

清末时，人们的地方观念极强，尤其是南北分界更是很明显。可是由于袁此时统领全国政事，接触了许多各地的精英，他的地域观念相对淡薄了些。

其实，袁自从小站练兵时，身边就有不少南方人，例如张一麐、阮忠枢、唐在礼等。他是以政见分敌我，并不完全因地域见是非。

这时，袁世凯的小站班底都已经身居高位，而且广植党羽，渐成尾大不掉之势。尤其是他想培植袁克定，而北洋这些人却都不服这个大太子。袁世凯既然对北洋旧属产生疑虑，便想重用一些有才华的新人。这其中，他选中了陈宧和蔡锷。

袁世凯曾对总统府秘书夏寿田说："现在小站出来的干部都已经成了废物，日本人整天虎视眈眈，中国说不定哪天就要亡国。我想加强国家的战备，可是缺乏将才，以后我想找一些南方的军事家，委以重任，操练新军，这样才可以去腐生新。"夏和杨度关系极深，便把袁的心事告诉了杨度。杨立即想到了蔡锷，他们是湖南同乡，在日本留学时又交往甚密。杨度一向以新朝宰相自居，所以他十分注意各方面的人才，因此早想把蔡拉来做自己政治上的帮手。次日杨入府见袁，力言蔡锷是当世不可多得的军事人才。袁说："蔡锷之才虽然可用，可惜他是梁启超的得意门生，不是我们的同路人。"杨度又竭力为蔡解释说："师生关系并非牢不可破，康、梁还不是分了家。如果总统诚心相待，使他能够实现军国主义的理想，他是不会辜负总统期望的。"由于杨的介绍和推许，袁对蔡锷留下深刻的印象。袁向夏寿田说："小站旧人现在暮气沉沉，我对南方人并无成见，只要他们不反对我，我未尝不可重用他们。如果松坡靠得住，你就做他的助手，帮助他建立新军的班底吧。"随后又有消息说，袁打算先任蔡为参谋总长，以代从不到部的黎元洪，然后再调他为陆军总长，以代跋扈不驯的段祺瑞。

袁本想让蔡锷担任建军工作，但是有人在袁的耳边吹风，说，北洋系已经成了具有浓厚地方色彩的军事团体，要在军事上有所改革，只能用北方人而不宜用南方人，否则可能引起反感，对总统不利。袁又多心起来，遂打消了原来的念头。客观地看，北洋系诸将都已成了根深叶茂之势，以一个非北洋系出身的人想要另立山头，谈何容易！

蔡锷一向主张军人应奉行"不党主义"，即军人应超越党派之上，唯有国家利益为最高原则。他虽不阿附袁世凯，但对袁的死对头孙中山也保持着相当的距离，甚至是他的老师梁启超，蔡也绝不盲从，而是进退行止都有自己独立的判断。因此，蔡锷在北洋系的圈子里更是特立独行、廉洁自处，与任一北洋大将没有过密的交往，被北洋诸将所排斥也就是自然之事了。蔡锷曾自撰联语："淡泊明志，夙夜在公。"可见其一生之操守。

蔡锷在北京闲得久了，也看出袁世凯并无重用他的意思，但也只好应付——韬光养晦是他唯一的选择。

4 梁启超、蔡锷暗中布置一切

当北京的帝制气氛越来越浓的时候，杨度几乎天天往蔡锷那里跑，想说服他一起发起筹安会。蔡锷只好借故推脱。蔡这时经常与梁启超密商办法。1915 年 8 月 15 日，筹安会发表宣言的次日，进步党人徐佛苏、袁思亮去见杨度，说："如此大的事情，为何不让任公参加？"杨度找到与梁极密切的汤觉顿、蹇念益，叫他们二人到天津去探探梁的口气。汤、蹇见到梁，还未及开口，梁先把《异哉所谓国体问题者》的文章拿给他们看。这两人看了，不禁倒吸一口凉气，道："此文一发表，进步党岂不危哉？就连进步党人的身家性命也大成问题。"梁说："这些，我倒也想过。可是，前几天，袁派人送给我二十万元，以十万为我父亲补作寿礼，十万叫我出国做旅费。事情到了这一步，我若是不发表，别人要疑心我被收买了。"汤、蹇又说："即使发表，也要留有余地，不要把话说绝了。"梁这才把文章又修改一番，语气稍为婉转一些。梁又写了一封信给杨度，其中说："吾人政见不同，今后不妨各行其是，既不敢以私废公，但也不必以公害私。"由汤、蹇二人带给杨度。

杨度仍不想放弃说服梁启超，又托蔡锷去天津见梁，请蔡以师生之谊说动梁，不要站在反对的立场上面。自然，蔡锷是不会为杨度做说客的。他愤然对梁表示："我们明知力量有限，未必抗得过他，但为四万万人争人格起见，非拼着性命干这一回不可。"梁说："我的责任在于言论，我会写文章堂堂正正地反对他们。你是有能力的军人，此时应深藏不露，切勿被他们所觉察。"于是，梁、蔡二人反对帝制的方针已定。回到北京后，蔡回报杨度说："人各有志，不必相强。”搪塞了过去。

蔡锷回京后，即密电云贵两省的军界人士共商大计，并召前任贵州巡按使戴戡来京密商。10 月份，蔡锷、梁启超、汤觉顿、戴戡、王伯群等七人在天津梁家决定：只要袁世凯称帝，滇军秘发四川后，宣布云南独立。

梁、蔡还商定：

云南独立一个月之后，贵州响应独立。

广西于两个月后响应独立。

以云贵下四川，以广西打广东；两路兵马会师湖北，底定中原。

梁、蔡二人设誓曰：“事之不济，吾侪死之，绝不亡命；若其济也，吾侪引退，绝不在朝。”蔡锷时与西南方面交通声息，布置一切。

说起戴戡的反袁，还有一段偶然的渊源。

戴戡原名桂龄，贵州人。清末留学日本学习手工业，回国后，依同乡陈国祥的关系，在河南法政学校做一名职员，月薪只有 40 元。他又极力讨好学校教务长熊范舆，熊为他改名为戡。李经羲督滇，召熊

两广护国军都司令部，中间是梁启超（右四）和岑春煊（右五）

帮忙，戴戡也跟着到了云南。戴起先在一个矿上任事务员，因同乡关系结识了唐继尧。辛亥革命时哥老会占据了贵州，戴戡对唐继尧说：“会匪不过是一群乌合之众，简直不堪一击。若阁下出兵，我愿意为君引路。”唐继尧率兵果然很快平定了贵州，唐酬以贵州实业司司长。戴以滇军为奥援，不久升任贵州巡按使，也俨然是个方面大员了。袁世凯这人有时成见很深，他看到戴戡没有任何来历，不过是个籍籍无名的小人物，便于 1915 年将他撤掉，换上了自己的亲信，交通部司长龙建章。戴戡无聊之余，想要进京活动一番，但是几次来到新华门前求见袁大总统都吃了闭门羹。后来，烦人说项，才赏他一个参政院参政。戴戡对老袁的怨气不打一处来，发誓道：“早晚叫你袁某认识我姓戴的！”恰巧他遇见了梁启超，此时，梁正为反对袁的帝制而策划，戴戡不禁兴奋地说：“我知道今后该怎么做了。”戴跑去见蔡锷，动员他一起反袁，蔡一开始还没有表示，戴戡自告奋勇说：“我到云南为将军打头阵，等一切就绪之后，将军来主持大计就是。”

9 月 3 日，梁启超《异哉所谓国体问题者》的文章发表之后，使蔡在北京的处境更加困难，袁更加不放心他，全天候地派有四个人监视他的行动。蔡只好沉重应付，1915 年 8 月 25 日，在云南会馆的将校联欢会上面，蔡锷第一个在帝制请愿书上签了名。

蔡锷一面在公开的场合下表示拥护帝制，一面故意整日花天酒地、征歌逐舞，装成一个浪荡子的模样，杨度也笑他假道学难过美人关。其实，那个年代的军政要人盛行豪赌阔嫖的风气，谈生意，拉交情，搞政治交易，无不在青楼妓馆中进行；甚至记者也到八大胡同去采访消息。蔡锷平日会客应酬自然也要涉足此地，杨度、梁启超更是其中的常客。梁、杨二人曾一度同恋一个叫花云仙的妓女，这个花云仙的妹妹叫小阿凤是八大胡同的花魁，曾被人戏称为“湖南三杰”，那两杰一是蔡锷，一是谭延闿。小阿凤最后被王克敏金屋藏娇。杨度则热恋花云仙，据说他的《筹安会宣言》、《君宪救国论》都是在花云仙那里写就的。杨、梁二人曾演了一出“醋海生波”的闹剧。其后，杨度另娶了陈文娣，花云仙想跟梁启超，但梁自命“一夫一妻新社会”的人物，还给杨度取笑了一番。

蔡锷经常在小凤仙处叫局，主要还是看中她那里清静。

蔡锷通过士官学校同学张孝准和东京的国民党人也取得了联系。1915年9月，蔡锷派专人带信给身在美国的黄兴，整整写满十七页纸，向他分析了国内的形势和他准备赴滇反袁的计划，并征求黄兴的意见。黄兴见到这封信后，很是兴奋，便一边在美国为讨袁筹款，一边派儿子黄一欧带信给在日本的张孝准，准备回国和蔡锷联络。

这时国民党人士自沪赴滇，联络讨袁的事情，得知云南军人非蔡不动，便派人携带密码本进京访蔡。恰在此时（1915年10月14日），在北京棉花胡同的蔡宅发生了一起突发事件。

原来，棉花胡同近日经常人来人往，引起侦探们的怀疑，一个叫路孝忱的陕西人向袁世凯告密说，云南有人在反对帝制，蔡锷也参与其中。于是，军政执法处派人前往蔡宅搜查。一个天津口音的刘排长带着几个蛮横的士兵，把蔡的住宅翻得乱七八糟，一无所获，悻悻而去。待兵痞们走后，蔡打电话想质问执法处的雷震春，谁知雷尚在梦乡之中。直到下午，雷才回电话说："松坡啊，这实在是一场误会。"

根据雷的说法，原来，蔡宅原本是天津盐商何仲璟（袁世凯的亲家）的产业，由何的亲戚代管。辛亥年，这个盐商破产，他的姨太太便把一批珠宝私房托一个姓刘的仆人寄存在这亲戚家。后来，盐商死去，他的姨太太也不知下落，这笔财宝只有那个姓刘的知道。刘后来从军当了排长，便带着几个士兵前来搜查，他哪里知道，现在这里住的是军政要员蔡锷呢？因此才发生了这档子事情，请蔡大人多多原谅吧。蔡锷听了，心里却有些打鼓，因为他刚刚收到国民党人送来的密码本子。从10月下旬起，蔡锷一反常态，不断请起了病假。

5 蔡锷逃离北京

蔡锷是个沉着冷静的人，私生活本也极端严肃。可是，在那些日子里，蔡也频繁涉足北京南城的花街柳巷，和一个名叫小凤仙的雏妓打得火热。

小凤仙（1900—1976），本姓朱，是杭州一个旗人家的姨太太所生。这个姓朱的死后，大老婆百般欺凌这母女俩，她们只好搬出去单过。后来她的母亲也一病身亡，把孤儿托付给张姓的奶妈，于是小凤仙随了奶妈的姓。辛亥革命那年，奶妈带着她逃往上海，因无法谋生，遂把她押给一个姓胡的学唱戏。后来，她就跟着胡老板到南京以卖唱为生。她十三岁那年，张勋攻打南京，她只好又回到上海。接着又辗转来到北京陕西巷的云吉班卖唱，奶妈也跟着找到北京来。就在这时，她认识了蔡锷，蔡锷问清了她的身世，出钱帮她赎了身，但她仍留在云吉班卖唱。

为了迷惑袁，蔡锷还和他的夫人刘森英反目，二人时常争吵，且不避人耳目，蔡甚至用茶杯打破了刘的头。最后蔡锷夫妻来到审判厅，请求离异。审判后，刘夫人将家里值钱的东西拿走返回湖南老家。蔡的母亲也以过不惯北方的生活为由，跟着一起回南。虽然袁对蔡锷不放心，但是并没有发现什么可靠的证据表明他有出轨的行为。再有，老袁这时整天忙于登基，顾不得理会蔡锷的事情，日子一长袁对蔡的防范也就松弛下来，把监视的人撤为两个。

1915 年 11 月 10 日是哈汉章祖母的八十大寿，哈家在东城钱粮胡同摆堂会，请来了菊坛大王谭鑫培，一时热闹非常。蔡锷与哈汉章本是士官学校同学，自然必到捧场。蔡对哈说："今天外边下这么大的雪，我们打个通宵吧。"哈知道蔡有用意，便请刘成禺去召集。刘找来张绍曾、丁槐。于是，蔡、刘、张、丁四人呼庐喝雉打了一夜的牌。七点钟，蔡由哈宅马号的小门溜出来，直奔新华门。门岗看到蔡锷这么早就来了很是奇怪，以为是总统召见。蔡后面的侦探看到他来到总统府，自然没有必要再盯梢了，便呼啦散去。蔡进了总统办事处，侍卫道："将军来得太早了。"蔡不经心地答道："我的表快了两个小时。"说着拿起电话，给小凤仙打了个电话，告诉她中午十二点到某个饭庄吃饭。打完电话，蔡又闲暇地在办事处东走走西看看，好像是在耗时间。趁人不注意时，他由政事堂的西苑门走出，直奔车站。乘坐三等车赴天津。

蔡锷在天津会见了黄兴派来的张孝准，二人于 11 月中旬的一个夜里，登上一艘日本的运煤船，东渡赴日本神户。蔡锷又托张孝准，在游历日本各地时，每到一地，向北京发一明信片，报告自己的行程。而他本人则立即取道上海、香港、河内，到达云南。这一路上，日本人鞍前马后，极尽效力。

总统府那边久等蔡锷，不见人影，便报告了老袁。袁命令询问看守蔡宅的警察，警察又去问汽车司机。袁心里明白，不由叹道："松坡不会回来了。"老袁恼怒之余，把当初保举蔡的杨度叫来，问道："松坡走了？"杨度尴尬地答道："是！松坡走了。"袁悻悻地说："你当初说松坡没有问题的！"杨度惶恐地说："纵然有问题，充其量也只是局限于西南一隅，唐继尧不见得听他的话，陈宧在四川也足以掣住他。"老袁听了默不作声，杨度也不敢再说什么。这之后，杨度的声光日减，恩宠不再，但他的嘴还是硬的。帝制取消后，他还在丰盛胡同的寓所内对记者说："政治运动虽然失败，政治主张绝无变更，我是仍然坚持君宪救国的。"

后来，小凤仙离开八大胡同，嫁给一个东北军的师长，移居沈阳。师长死后，又改嫁一个陈姓厨师。1949 年后，自改名为张洗非，生活极为艰难，曾入被服厂做工，还给人当过保姆。1951 年，梅兰芳去朝鲜前线慰问演出，路过沈阳时，小凤仙曾写信给梅。梅把她的情况反映给交际处，交际处安排她到一个机关做保健员，收入有了保障。1976 年死于脑溢血。

6 云南独立

此时，国民党的几个健将，唐蟒（唐才常之子）、龚超、章勤士（章士钊之弟）等人闲居沪上，百无聊赖，衣食无着，终日以清谈、游荡打发日子。一天，唐蟒等突然心血来潮，走访避居申江的南海"康圣人"。康有为一向以恢复大清为夙志，看到袁世凯帝制自为，闹得天怒人怨，便想趁机将袁与民国一道掀下台去。康对唐说，袁世凯灭亡有日，君等何不图之？唐蟒等人正欲找一有意义之事，听了康的高论，急不可耐地拍电报，把在美国的李烈钧、方声涛等召回国来。李、方诸人跟随着唐蟒来访康南海，想要打听个详细。谁知，老康上次不过是放言无忌的空议论，现在见人家较了真儿，吓得闭门谢客，不敢见了。于是，沪滨的闲游客又多了几张嘴。其时，谭延闿也住在上海，众人便去寻他摆桌酒席请请大家。谭说，这也不是长久之计，听说蔡锷已经潜回云南，诸位又和唐继尧是士官学校同学，何不到滇省去谋发展？这时，众人才忸怩

唐继尧

地说，没有路费。谭延闿索性好人做到底，大大方方地赠予一笔路费，这些国民党人才去云南找唐继尧。

唐继尧（1881—1927）出身云南会泽世家，是蔡锷在士官学校的学弟。他虽比蔡锷大一岁，却比蔡低了三届。当初在三十七协里面，蔡是协统（旅长），唐是管带（营长），蔡的官阶也高出唐三级。唐看到本是湖南人的蔡锷却在云南极有人望，所以十分忌恨他。蔡锷得以回云南揭起反袁义旗，还多亏海外的黄兴几次派人疏通，保证蔡锷不会做滇督，不会抢占唐的地盘，唐才允许蔡入滇。

袁世凯得知蔡锷欲回云南后，立即密令唐继尧，蔡若到昆明，就地正法。同时令离昆明五百多里之外的阿迷州（今为蒙自开远县）知事张一鹍途中刺杀蔡锷。唐继尧派其弟唐继虞带领军警前往越南迎接蔡锷，并电令蒙自驻军保护蔡所乘的火车。蔡锷终于脱离危险，偕同戴戡等人于1915年12月19日晚间平安到达昆明。

蔡锷在22日举行的军事会议上，主张即日举兵讨袁。唐继尧担心滇军的力量不足以和北洋军对抗。蔡向唐继尧解释国内外的大势："现在全国都反对袁世凯称帝，他的心腹冯国璋、段祺瑞也不赞成，连日本人都不支持他。"

唐继尧是个很注重权位的人，袁世凯颁赏爵位时封他为一等侯爵，他觉得很满意。特别是他的父亲对袁更是感恩戴德，不许唐继尧反对袁世凯。另一方面，唐也顾虑南北力量悬殊太大，疑虑重重。但是，他手下的青年军官们反对帝制的呼声极高，迫使他答应考虑考虑。唐想看看其他省份的动向，尤其是北洋军人们的动向。这时，南京冯国璋处转来梁启超的一份密电，谈到袁派周自齐赴日赠勋，以换取日本对其称帝的支持。这件电报从冯国璋那里转来，说明冯也是反对袁称帝的，唐继尧这才下定讨袁的决心。其实，电报是冯的秘书长胡嗣瑗代发的。胡是个坚定的复辟派——但拥护的是清廷复辟，虽然和蔡锷等人的出发点不同,但想把袁世凯赶下台则是一样,可谓是殊途同归。

蔡锷和梁启超本来商定,先率军偷袭四川,占领四川后再通电讨袁。但是收到南京的电报后,蔡唯恐袁和日本的交易成功,将在外交上造成不利,遂于当天作出出兵讨袁的决定。可是过早宣布,却给军事上带来麻烦,使袁政府有充裕的时间调兵遣将,使云南军的进展遇到极大的阻力。

12月23日,云南将军唐继尧、巡按使任可澄发表通电,劝袁世凯取消帝制。在一片劝进、拥戴声中,唐的电报无异给了袁当头一棒,但随即他就冷静下来。在袁世凯眼里根本不把云南当回事情,想当年二次革命时,内地四省联合反袁,还不是举手之劳就摆平了,云南自然更不在话下。所以袁一面通过英使朱尔典,请云南的英国领事以私人名义劝告蔡、唐收回通电;一面由政事堂质问唐继尧:何以几天之前你还通电劝进,这时却陡然翻脸?

12月25日,唐、蔡等人通电宣布云南独立,唐为云南都督。宣告独立的那天,昆明全城悬旗结彩,爆竹之声不绝于耳,士民欢声雷动。新年元旦还举行了拥护共和纪念大会,悬挂春联,曰:

立马华山,推翻帝制;挥戈燕地,重建共和。

在推举都督时,唐表示愿意将此位让给蔡。蔡清醒地看出,现在时过境迁,主客易位,已不是当年自己主滇的时候了,若是不由分说坐上都督之位,恐怕讨袁不成,自己先要血溅三尺了。蔡锷力主拥唐为都督,兼任第三军总司令,留守云南,调度一切。蔡锷任第一军总司令,出兵四川;李烈钧任第二军总司令,出兵两广。因军事会议在昆明护国寺召开,即以"护国军"命名讨袁军。唐继尧和蔡锷职责不同,但并无高下之分,遂至使三军之中没有主帅。护国军的组织部署都大有漏洞,若不是袁世凯帝制自为不得人心,若不是北洋军已经离心离德,护国军很难有侥幸的机会。

护国军的人马总共只有三千,而且只带有两个月的粮饷,武器弹药也严重不足,蔡出师之后也再无一米一弹的支援——因此有人怀疑唐继尧是别有用心。相比于二次革命时的形势,这简直不构成对袁的丝毫威胁。所以英、美等国都认为“不过是每个王朝开创时期必然发生的政治事件”而已。

再说，袁世凯得知蔡锷云南兴师后，曾问过曹汝霖是否认识蔡锷。曹说，蔡在日本士官学校时，与之相识，并无深交。袁说，蔡锷很有才干，但长于阴谋，而且面带反骨，恐不长寿。我早就防范于他，所以调他来京。川、滇等省，向无中央军，所以派曹锟、张敬尧驻扎川边，以备不虞。现在陈宧又率三旅入川，龙济光、陆荣廷坐镇西南，滇事不足虑也。于是大典筹备处继续忙碌着登极之事。

二　讨袁战争

1 陈宧这个人

四川战场上，首先和蔡锷接触的是陈宧。

陈宧（1870—1943）字二庵，湖北安陆人。他幼年穷苦无依，但立志苦读，1897年考中拔贡。后入两湖书院，为张之洞赏识。当时受重武轻文的影响，陈宧进江南陆师学堂，曾做过成都兵工厂厂长。后来被四川总督锡良重用，任其为四川讲武堂提调，培养出许多军事人才。以后，他一直追随锡良，到云贵任协统；到东北任二十镇统制。陈宧和吴禄贞、蓝天蔚并称“湖北三杰”。宣统年，载沣下诏求贤，下令各地举荐人才。锡良便推荐陈宧进京。不料，军谘府的一位同乡当面找他借钱——实际上就是索贿，被陈宧一口拒绝了。后来军谘府首脑载涛和他谈话时，陈宧不善应对，且长得一副穷酸相，活像戏台上的穷生。再加上他那位同乡在旁边的“美言”，结果陈宧不但没受重用，反而丢了官。他一气之下跑回原籍隐居起来。

武昌起义后，汤化龙把他荐给了黎元洪。因当时革命军中极少军事人才，所以陈宧备受青睐。袁当总统后，陈宧由黎元洪的推荐，以参谋次长代理参谋总长。但是,陈宧很快攀上袁的高枝,把黎抛到一边。陈宧每次与袁讨论政事,总是怀揣三策,分置左右袖中及靴统内。在谈话中,揣摩袁的意向,如果与其某一策相近,就拿出来献上,所以经常得到袁的赞赏,称赞他:“二庵所见,正合我意。”二次革命时,陈宧利用他和西南各省袍泽的关系,极力拉拢,所以云贵等地都按兵不动。袁世凯大为高兴,以为陈宧是可以倚重的力量。同时,袁又看他与国民党以及任何南方军事集团都没有渊源,川、滇两省的军人又多是他的门生故吏,所以是填补北洋派在西南缺口的理想人选。

陈宧

陈宧起初极力讨好黎元洪,并结交武汉方面要人,以稳固自己在北京的地位。他曾与袁世凯彻夜长谈,替老袁分析天下形势,当时中国政治中心有三,即北京、武汉、南京;袁若想巩固权柄、削平群雄,务必先拔掉武汉、南京两颗钉子,老袁听后极为赞赏,大有相见恨晚之意。以后,解除黄兴的南京留守、诱杀张振武、迫黎元洪进京等重大事件,都有陈宧在里面策划。

民国元年章太炎进京初次见到陈宧时,便对人说过:“这是中国第一流的人物,将来亡民国者必此人也。将来黎元洪、袁世凯必将收拾在此人手中。”当时听者皆以为章在妄说,而陈宧因此对章恨之入骨。后来,黎元洪离鄂进京,袁世凯称帝都有陈宧在其中策划,所以人们惊叹章太炎的知人,称其为“水镜先生”。而后来陈宧设计让章太炎二次入京,囚之龙泉寺,也算是报了一箭之仇。

1915 年 2 月 20 日,袁任命陈宧会办四川军务。并调李炳之、伍祯祥、冯玉祥三个混成旅随同入川。蔡锷也荐举了两个心腹,安插在四川,为响应他将来护国军起义埋下种子。

陈宧向袁辞行时,向袁九叩首,膝行向前吻袁的靴子——此乃中世纪欧洲对罗马教皇所行礼节，跪在地上说："天下将乱，四川尤其不易治理。若非总统成竹在胸，当机立断，各省疆吏将彷徨无主，怎么能够竭尽其才智，力挽狂澜呢？大总统不宜以个人为重，所以应本着悲天悯人之胸怀，为长治久安之计。"袁要搀扶他时，陈宧又流着泪说："共和政体为举世诟病，亡羊补牢未为晚也，总统负天下苍生之重，难道忍心看着国家败于党人之手吗？大总统必须拿定主意称帝，我才敢入川。"袁于是笑着说："你可与克定谈一谈。"

陈宧退出后，便到中南海卍字廊去找袁克定。再说那个大太子把段祺瑞、冯国璋尚且不放在眼里，自然不会礼遇陈宧。正在袁克定对陈宧"哼哈"大摆臭架子时，突然一个老仆人跑来说："大总统有令，叫大爷和陈大人换帖拜把子。"袁克定这才收起傲慢的态度，亲热地管陈宧喊二哥。冷眼旁观的章太炎事后对人说："凡是谄媚之人，一遇变故，必然反咬一口。陈宧远离京师是怕北洋派的倾轧，避祸而去。他已经有了戒心，还指望他始终忠于袁氏吗？"

等到陈宧自北京动身前往四川时，出现了开国以来极为隆重的一幕。陈宧乘坐的是当年慈禧太后的花车，各部总长在长辛店为他饯行。那个从不假人以颜色的大太子袁克定亲自送他到保定，沿途迎送花费，财政部专门拨了四十万的特别费。冯玉祥领兵在花车前面压道——冯本是陈宧部下的一个排长，因陈的参谋长与冯的舅舅陆建章有旧，所以屡次提拔直到旅长。行前，陈宧带冯向袁世凯辞行，冯趴在地上给袁磕了几个大响头。那天，北京的文武百官都到车站送行，沿途军警林立，车站上人山人海。除了当年欢迎孙中山和黎元洪之外，别人还没有这么大的面子。陈宧一路经过武汉、宜昌等地时，都是鸣放礼炮，官民迎送，场面极为隆重。

陈宧坐船入川时，在船上赋诗两首：

三月清明客正归，昔年风景当依稀；
不堪回首登临处，黄鹤楼头旧酒旗。
汉阳城树早归鸦，湖争收帆日已斜；
渔笛一声愁欲绝，隔江犹唱落梅花。

旁边的李炳之与其他随同人员暗中说，四川乃是天府之国，以方面大员领受此等重任本该欢欣鼓舞，可是其诗意却如此凄凉、愁苦，觉得似乎是不祥之兆。

陈到了四川，袁又任命其为四川巡按使、“成武将军”督理四川军务。不到半年工夫，陈宧连升三级，可见袁对陈宧期望之巨、信任之坚。经蔡锷介绍，胡鄂公为陈的秘书长，这个胡是个国民党人。陈宧到了四川，整顿财政，整肃官风，剿匪安民，还算是个有作为的人物。

2 日本人参与了讨袁战争

日本黑龙会和在华浪人们极力煽动南方的讨袁战争，他们认定打倒袁世凯是日本在中国建立霸权的第一步。日本的黑龙会的“黑龙备忘录”曾坦承：“现时乃我日本鼓励革命党及其他不满于中国政府之人物在中国起事之良机。现时此等人不能肆志之原因，乃因资本之不足。若帝国政府能利用其资本之不足，假以借款，唆以起事，则中国全国大乱立见。我日本于此，乃可起而干涉并整理之。吾人当容纳中国革命党、保皇党及其他不满中国政府之人物，以扰乱全中国之地。其全国既扰乱，而结果乃推翻袁政府。”1916年1月19日，日本内阁以云南起义为由，决定不承认袁世凯的帝制。

云南举义后，日本参谋本部特派山县少校等军人奔赴云南，而尤为不寻常的是，青木宣纯中将改任驻沪武官，掌有随机处置的大权。日本对护国军的支援主要在军械的补给，1916年3月10日，日方以私人名义，借款一百万给岑春煊，并资助两个师的枪械，以武装反袁势力。

除了物资的援助之外，日本还派人到西南协助一切，包括军事专家、法律顾问等等。日本人劝说西南各派联合一致对付袁政权，梁启超、李根源赴广东会晤龙济光，以及国民党参加岑春煊阵营的谈判，都是太田领事从中斡旋的结果。除了出兵和承认交战团体之外，几乎所有的手段无不用到。至于承认交战团体一事，只是得不到英国的同意，而且其国内准备不足方才作罢。

蔡锷出兵攻打四川时，其部下有一个日本人，因为他早已归化入籍，易姓为李,所以很少人知道他的底细。李在行军中,故意延宕,一路上将各地的地形、村落、山川、河流等等详细制为地图。后来,蔡锷得到情报,李准备把地图献给日本天皇,遂决定将其正法。一天副官给他送来密件,正当李读密件时,副官从后面一枪把他打死。从他那里搜出西南地区的军用地图百余幅,蔡锷正好用来和北洋军打仗。据说日本天皇闻知此事后,为李伤心了好几天。

蔡锷一生不重钱财,并能以身作则,所以他的部下也不敢妄取一芥。蔡锷律部下极严,谁触犯刑律必受惩治。跟随他的人,有些甚至贫穷得无以为生。人们说,蔡锷这个人有威可畏,无情可怀。唐继尧对蔡的名望很忌妒,后来蔡死后,唐在昆明的南门外自建丰碑,铭曰:"会泽唐公再造共和纪念碑",路人都嗤之以鼻。

1915 年 12 月 25 日,蔡锷在云南通电反对帝制。起初,袁世凯并不在意,他以为 1913 年国民党二次革命时,以江南数省起兵都顷刻瓦解,何况一个区区的云南?一定是成不了气候的。

1916 年 1 月 4 日,袁世凯召集军事会议,决定兵分三路对付云南护国军。第一路出湖南经贵州进攻云南,以马继增为司令;第二路出四川直攻云南,以张敬尧为司令,又以曹锟为第一、第二路军总司令;第三路出广西由百色入云南,以龙觐光为司令。袁世凯的三路兵马有十万余众不可谓不多,军费至六千万不可谓不巨,但卒致无功而返,这其中关键在于老段的作用。例如,张敬尧本是段祺瑞的旧部,他暗中接收段的授意,按兵不动,而且在前线致电中央要求起用段祺瑞。这表明北洋将士倾向于段祺瑞,而不是袁世凯。想当初袁世凯乃是北洋系的盟主,却中途与段决裂,一般将士未免有兔死狗烹之慨,转而附向段祺瑞。不久,李纯、靳云鹏、冯国璋、张勋、朱瑞五将军联名电促袁世凯取消帝制,黎元洪也劝老袁起用段祺瑞、徐世昌收拾残局,帝制终于走到了尽头。

说起来,袁世凯的帝制不但败于蔡锷的护国军起义,也和北洋系内部的不合作大有关系——可能后者的作用更为重大。老袁以为,段祺瑞罢职后已无权柄,有陆海军统率办事处指挥军事,又有陈宧坐镇四川,汤芗铭坐镇湖南,不愁云南起义不平。谁知老段虽然不在其位,其影响还在,张敬尧先是不听指挥，停滞不前，后来陕西的陈树藩又逐去陆建章，宣告独立，也是受了段祺瑞的指使。袁世凯用克定之谋，成立模范团，以削段祺瑞的兵权，又想以新进人物接替北洋旧侣，遂导致将帅解体，人心附向段氏。终因，外有云贵起义之师，内有土崩瓦解之患，不但洪宪帝制不成，连袁氏的统治也顷刻解组。

蔡锷起义后，夏寿田曾对段祺瑞说，他想给袁献上一计，让袁仍就任民国总统，但兼任满蒙皇帝，满蒙地区的一切册封仍按洪宪朝廷所颁布的施行，这样也好为他找一个下台的台阶。段听了，微笑着说："你的主意倒是不错，只是恐怕不易接受。"不久，夏寿田碰到段的幕僚说："还是芝老对袁了解较深，果然不出他所料，我的建议袁起初觉得很动听，后来杨度来警告我，不要乱出主意，因为那个大太子不同意。"

3 伐蜀战争

蔡、陈之间本来过从甚密，当初陈宧出京时，蔡锷把几个湖南人介绍给陈宧做属员。而蔡锷的属下也有陈宧的门生，二人似敌非敌，似友非友，关系极为复杂而微妙。

虽然袁世凯对陈宧恩宠有加，但陈、袁之间也有矛盾。陈宧到四川不久，袁就派他的小站宿将张联棻做他的参谋长，明显带有监视之意，陈宧能不觉察？云南独立后，陈宧对身边的人透露，蔡松坡不是个轻举妄动的人，老头子也有"彼直我曲"的表示，看来这个问题不是很容易解决的。曹锟大军入川后，陈宧更加不安，他知道按照北洋的传统，曹军出征后是不会轻易再撤走的，四川将军非曹莫属。因此，陈宧从开始对战事就不积极。蔡锷曾劝他响应独立，陈宧一时还不想脱离北洋系，便借故推脱了。

既然主帅不积极，底下的将士更是可想而知了。陈宧手下的伍祥祯本是蔡锷旧部，他在和护国军交锋的时候，经常把炮弹打到自己的阵地上面，使人怀疑他到底是为哪边打仗？伍旅虚晃一枪后，就溜之大吉。蔡锷的第一梯团第二支队，毫不费力地于 1 月 22 日占领叙府，这就是叙府（宜宾）之战——护国军旗开得胜的第一仗。接着，第一梯团继续向北推进，朝南溪自流井一带进发。

3 月初，陆荣廷借口广西省份贫瘠，电请袁氏请免于假道。7 日，袁委派陆荣廷为贵州宣抚使，另任贵军师长陈炳焜兼理广西军务，又命广西巡按使王祖同会办军务，不过又是一个监视一个的伎俩。

第二路军司令张敬尧是安徽霍邱人，年轻时是个乡间无赖，流落在徐海一带落草为寇。后来，应募当了兵，因为打仗不要命，因缘际会，蹿升至第七师师长。一次，梁士诒操纵的请愿联合会开会，请他参加。张敬尧手里拿着旱烟袋，边吸边说道："大总统要高升一步做皇帝，只需下一道上谕，谁敢不从？请愿干什么？讨论干什么？"袁世凯闻知后，怒道："改变国体是需要全民同意的，这个混小子怎么能信口开河？"护国军起兵后，袁世凯知道他能打狠仗，便派他去了前线。张敬尧军队驻防在纳溪，他的兵士抢掠奸淫，甚于土匪，百姓不堪其扰，诉之于张，他听了后，大怒道："我的军队纪律严明，秋毫无犯，谁敢来毁我的军誉，叫他吃不了兜着走。"乱棒将人打出。他的士兵知道了，更加变本加厉肆虐乡里。

帝制撤销后，有人对他说："蔡锷现在是元勋，你要是和他攀上交情，不但你的罪孽可免，将来还大有前途哩！"张敬尧听了，派此人带了厚礼去见蔡。蔡锷回了他一信，张敬尧拿了到处宣扬说："我和松坡是不打不相识，其实，我早就反对帝制了，不然，云贵那一点兵力，还真不值得我一打。"他从帝制派又变成了反对帝制的英雄。

袁世凯以为笃定可以像剿灭二次革命一样平定云南的战事。所以，当他于 1916 年 1 月 13 日会见莫理循的时候，态度轻蔑地谈起云南起义时说，20 天之后即可消灭之。

蔡锷孤军深入，粮饷和军械始终得不到唐继尧的接济，以致衣不蔽体，食不果腹，只好向当地百姓借粮，过一天算一天。2 月下旬，北洋军夺回泸州。3 月 7 日，北洋军的冯玉祥旅占领纳溪，护国军退出綦江。3 月 13 日，北洋军攻占湖南麻阳，广西的龙觐光军攻占剥隘。还有一支川军突袭进入云南。但是，北洋军占领的只是几个孤立的城镇，为此，袁世凯精神为之一振，但此时的北洋军离心离德，毫无战斗力。冯玉祥旅一到前线就与蔡锷书信往来，准备媾和。士兵们不但将整箱的炮弹扔到山沟里，甚至连大炮也丢弃不顾。这样的军队如何能打仗？

3月17日，护国军经过休整之后，开始反攻。仅几天时间，即占领了纳溪、綦江、江安、南川、彭水等地，张敬尧带伤逃回泸州。此时，广西响应独立，不但使北洋军溃败，而且袁的统治地位摇摇欲坠。

三　贵州、广西响应独立

1 贵州响应独立

蔡锷出师四川的同时，戴戡于1916年1月2日，到贵阳策动贵州独立；贵州人王伯群则到黔南策反当地军队。贵州地处云南东部，是滇省对外的通道，两省山水相连，有着极为密切的关系。如果贵州被袁军占据，云南将有被扼住咽喉的危险。云南独立时，蔡、唐曾电请贵州护军使刘显世采取一致行动，而保守、持重的刘显世却不敢轻易答应。

原来，刘显世因为其他省份都设将军，唯独贵州与福建只设护军使，因而对袁心怀不满。其实，这是袁世凯裁省撤督计划的一部分，即在较小的省份不设将军，只设护军使，再逐渐推至全国。但刘显世为此极感不平。另外，他权衡双方力量，以为以滇军的三千人马抵挡北洋正规大军，无异于螳臂当车，所以不敢贸然参加讨袁行动。但是，他又看在云南是邻省的面子上，也不想过分得罪，便想保持局外中立。

可是贵州军队中反袁的情绪很强烈，下级军官几乎一致要求反袁。在云南方面一再的劝说，贵州军人的不断敦促，以及最后全省代表大会要求下，刘显世才下定决心。1月26日，袁给贵州汇来军饷30万元，次日，刘即独立。相继而起的是广西的陆荣廷。

2 陆荣廷与袁世凯离心离德

陆荣廷

陆荣廷（1859—1923），原名陆阿宋，壮族，本是广东肇庆人，幼时家贫，曾当过乞丐、赌场打杂、衙门跑腿等，在乡里横行不法，官府要缉拿他，跑到广西落草为寇。陆荣廷虽然干的是没本的买卖，却有几分侠义心肠，除了劫富济贫外，专门和当地的法国人过不去，连苏元春也佩服他。陆荣廷后被清廷招安，因为他熟悉广西的复杂地形，在剿匪时屡建殊功，一直升到广西提督。辛亥革命中，他响应革命在广西独立。二次革命时，他依附袁世凯，攻打国民党的讨袁军。但他并不信任袁，始终与袁保持着一定的距离。

广西的陆荣廷和广东的龙济光二人是亲戚。龙济光（1867—1925），云南蒙自人，据称其生有异相，耳朵是长方形的。他的母亲人称长乳夫人，其双乳极长，把奶头从肩膀上抛到背后，背在后面的小孩张嘴就可吃奶。他兄弟三人，曰觐光、裕光、济光。他哥哥觐光跟随岑春煊的父亲去四川做官，把土司的职务让与了他。龙济光操练团丁，保卫地方，升为知县。清末时跟随岑春煊去广西，结识了张鸣歧。后来，张鸣歧做了两广总督，于 1908 年提拔龙当了广东提督。辛亥革命时，革命军推举他为广东副都督，他却不敢担任。民国后，龙济光效忠袁世凯，尤其是在二次革命时，打败胡汉民的军队，被袁任命为广东镇守使，后升为广东都督兼民政长，兄弟三人都是上将，被袁世凯依为南国柱石。陆、龙二人都是北洋系在南方的大将，大概是因出身不同，袁从来都是重龙而轻陆。例如，袁任命龙为振武上将军，而陆只封为宁武将军。后来袁怕陆有怨恨，晋升他为耀武上将军，接着，龙又被封为一等公爵加郡王衔，而陆只是侯爵。为此，陆荣廷恨恨地说："老头子不识好歹，我一个七尺汉子，何必受他的窝囊气。"袁本想利用封爵的差别来笼络一些人，可是他没有想到的是，同时也失去了一些人。

1915年9月，袁还派王祖同为广西巡按使，会办广西军务，明显带有监视陆的性质。陆的心机很深，对王的到任既不拒绝，也不接待。为了表示抗议，陆又施展北洋时代的惯用手法——称病，且把在北京的儿子陆裕勋召回。陆裕勋在总统府任武官，本有留作人质的意味，当他行至汉口的时候，突然莫名其妙地暴毙。陆裕勋是陆荣廷正室谭氏所生唯一的儿子，虽然不能确知其死因，但因为老袁的亲信部下时有暴毙发生，不由使人们产生怀疑，但是陆荣廷却不动声色。老袁也装模作样地做出一副惋惜的姿态，赠予丰厚的奠仪，并派人照料丧事。实际上，两个人都在演戏。总之，陆对袁已经离心离德，只是时机未到而已。

陆荣廷既然不满意袁世凯，对他的帝制自为当然更是反对。但是陆不敢轻举妄动，因为广西地处偏僻，所以在政治上总是向中心地区和人物观望。陆所关注的是段祺瑞和冯国璋两个人的态度，段称病不出早已为人所知，他便派出五个代表，于1916年初，到沪宁一带活动，以刺探冯的动向。并且准备把梁启超迎到广西，以征求这位政坛宿将的高见。

蔡锷离京不久，梁启超也悄然离开处在袁的监视下的天津寓所，动身南下。梁还没离家，日本人已经前来造访，并且把他一路的行程安排得详细稳妥。梁每到一个地方都有日本人的暗中保护，或是拿出和服为其化装，或是由日本妓女陪伴充作家眷，躲过侦探警察之手。尤其令梁启超惊诧不已的是，从天津到上海，再到香港，这一路的交通，日本人如同在自己国内一样熟悉，许多他都不知道的小地方，日本人却了如指掌。梁不由得心中一阵阵发紧：日本人真的是帮助我们吗？

3月1日，青木中将亲自造访在上海的梁启超。安排他乘坐日轮去香港，转海防，偷渡至广西，一路上多次躲过英、法两国侦探的追捕，简直像是一部惊险小说。

3 陆荣廷宣布独立

袁世凯本想派兵假道越南进入云南,被法国公使拒绝。袁又派龙济光的哥哥龙觐光率军从广西进入云南,因为龙觐光与陆荣廷是儿女亲家。1916年1月中旬,龙觐光到了南宁后,陆荣廷一改以往态度,对袁极为恭顺,表示愿意出兵攻打云贵,但同时要求袁政府补给五千支步枪和一百万军饷。袁为了尽快平定云南,不得不从。

3月7日,袁任陆为贵州宣抚使,派广西第一师师长陈炳焜署理广西军务,暗中却令龙觐光监视陆的行动。12日,袁的坐探王祖同发了密电,报告袁说,那个陈炳焜和陆荣廷一样也不可靠。

3月11日,陆荣廷到达柳州。13日发表通电,劝袁辞职,并限24小时内答复。15日,陆在柳州行营自任广西都督兼两广护国军司令,任梁启超为总参谋,正式宣布独立。这样一来讨袁的形势就大不一样了。当初云南一省独立时,形势确为险恶,因为云南处于西南一隅之地,兵少将寡,穷乡僻壤,远离内地,无怪袁世凯不把其当回事。但是贵州、广西相继独立,遂使形势大为改观,三省连成一片形成了一股不可忽视的力量。尤其是,广西独立给四川战事带来一正一反的影响,护国军士气大振,北洋军则畏葸不前。

陆荣廷还把自己的女婿龙运乾扣压起来,迫龙觐光说服龙济光响应独立。

4 袁世凯无兵可用

随着前线形势的发展,袁世凯就不像开始那么乐观了。而且令他发愁的是,身边没有一个可以为他主持征滇的军人。那些平时只会甜言蜜语的杨度之流,此刻竟全然派不上用场。

袁世凯要应付令人头痛的外交问题,又要处理浩繁的内政,当时,徐、段、冯等人都不在身边,急得他坐卧不安。一天,袁把段祺瑞的幕僚曾毓隽(1865—1963)叫去,对他说:"蔡锷已经在云南造反了,芝泉知道吗?你转告他,此时忍心看着我满头白发，遭人暗算、欺负吗？”接着又愤愤地说：“没有我，恐怕也就没有你们了。我已经五十多岁了，当到了总统，还有什么奢求？可是我不能不为我们的团体打算，我不能让人家打到大门口来。就算我有错误，第一个了解我的，应该是芝泉。可现在恰恰相反，他最不了解我。”最后他亲笔写一信，要段去见他。但是，段却打定主意不去见袁，以“宿疾未愈”为由，挡了回去。这令人想到当初袁世凯以“足疾未愈”拒绝清廷请他出山如出一辙。

袁世凯又想把冯国璋调来，以参谋总长兼任征滇军总司令。谁知，冯国璋也以病为由拒绝北上。2 月 13 日，袁派蒋雁行到南京探望，冯抓住蒋的手痛哭流涕说：“我跟随总统一辈子，总统要如何就如何，怎么总统不把我当作自己人了呢？”袁听了蒋的报告，知道冯得的是政治病，又派阮忠枢、荫昌、田中玉等轮番地开导疏通，暗中准备换掉冯的苏督。但因山东将军靳云鹏、江西将军李纯都不同意，袁只好作罢。这又使人想起，辛亥革命时袁世凯一面暗中勾结革命党，一面表面矢忠清廷；现在，冯国璋也学会了这一套。

袁世凯还想到黎元洪来为自己分忧，但黎连“武义亲王”都拒绝接受，哪里会帮他的忙呢？

老袁只好在丰泽园组织“征滇临时军务处”，亲自挂帅主持对滇战事。他把曹锟、张敬尧等打发到了前线后，还想续发第二批征滇军，以尽快平定西南。他曾考虑到张勋，请他抽调十营兵力参加征滇军。张勋以徐州防务吃紧为由，一口回绝了。当然，也有自动请缨的，但那不过是借机要钱、要饷、要械，扩大自己的队伍。老袁的钱口袋已经几近干瘪了，哪里能满足这些饿狼们。

这时，就连袁世凯的亲戚也背离了他。张镇芳是袁长兄袁世昌的妻弟，这时看到云南起兵，西南响应，看出帝制必败，便派遣心腹到河南，密谋驱逐赵倜，迎接张镇芳准备独立。不料事情很快败露，不过此时袁已经顾不到这癣疥之患，因为他的北洋主力都不听他的摆布了。

5 外交上的严峻形势

1916 年 1 月，日本拒绝了周自齐使日之后，其干预政策图穷匕见，态度更加积极。黑龙会的内田良平等人召开大规模的“国民外交同盟会”，谴责袁世凯，并号召反袁。2月中旬，北京的日侨上书日本外务省，号称“对支意见书”。2月下旬，东京召开“对支有志大会”，联合各政党、团体，通过决议打倒袁世凯。此时，日军方、民间团体起到领导作用，外务省反而落在后面。为执行此一倒袁政策，分为满蒙、山东、南方几个方面分头进行。

袁的日本顾问于3月18日正式告知袁，日本对帝制一事将会采取强硬态度。21日，石井外相通知陆宗舆，英、法、俄三国赞同日本维护东亚和平的立场，因此希望缓行帝制，否则日本将会采取自由行动，一方面承认云南为交战团体，一方面宣告中国政府妨害东亚和平。

1916年2月底，一向支持袁的英国政府对云南战事也开始悲观起来，有意调停双方和谈。但日本绝不愿意看到南北和谈的局面。3月初，日本决定全面干涉，以实力支援反袁势力。

1916年3月7日，在日本陆军的建议下，内阁决定：

(1)在华建立日本霸权。

(2)袁世凯是此一目的的唯一障碍，必须铲除。“任何一个继袁而起的人都会叫日本更感兴趣”。

(3)让中国人自己来摆脱袁的统治。

(4)避免公开干涉。

(5)承认南方为战争团体。

(6)通过民兵支持反袁势力。

(7)由参谋本部协调反袁行动。

参谋本部随即向几家大公司，如大仓、久原等筹款，在南满、山东等地建立反袁武装。计有肃亲王善耆100万、岑春煊、张耀曾100万、孙中山60万、黄兴、陈其美各10万。

袁世凯3月份撤销帝制后，日本的反袁活动有增无减，逼得袁无法，甚至有意接受《二十一条》的第五款，做最大的让步，可是日方却不屑一顾。

1916年4月初，日本支持张作霖驱赶段芝贵，张作霖最后取得奉天将军后，日本人更加积极活动，准备在辽西起事。后因袁去世，才停止。

1916年5月，在川岛浪速策动，大陆政客、后备军人参与下，蒙匪巴布扎布发动“第二次满蒙独立运动”。

同时，在日本人的支持下，山东土匪吴大洲的“山东护国军”于5月5日在周村宣布独立，国民党居正的“东北军”于5月23日在潍县宣布独立。其实，青岛的日军守备司令部是他们的根据地。居正名为总司令，但一切得听从日本人的命令，他的东北军竟有飞机两架，以及毒气发射器等先进武器。

第八章 撤销帝制

一　北洋内部分崩离析

1 冯国璋受到猜忌

北洋派的实力人物是“北洋三杰”，但是王士珍一向恬淡，所以真正操纵权柄的只有段和冯。而段自辛亥革命后一直位居中央，并不亲自领兵，不过是有名无实。掌握实际兵权，而又不受老袁节制的只有冯国璋一人而已。

冯、段的反对帝制，大致出于一种同样的心理——那就是，袁做总统，百年之后，他们都有轮流上台的机会，若是袁当了皇帝，传子传孙，他们就永无出头之日了。要说他们有什么为国家、民族考虑，或认识到世界大势之类，实在是太高抬他们了。

尤其是冯国璋，袁若把他笼络好，他未尝不可拥护帝制。可是，袁在帝制筹备的整个过程中，都把冯排斥在外，所以冯的心中自然产生一种被遗弃的感觉，因此对袁的怨恨也油然而生。而且，自从袁的心腹郑汝成被刺身亡之后，袁派杨善德的第四师移驻上海，又派卢永祥的第十师进驻吴淞口，形成监视且钳制冯国璋的态势，冯对老袁越来越心怀怨恨。还有，就是冯的高级幕僚胡嗣瑗在旁边的一再鼓动。

任代理总统时的冯国璋

胡嗣瑗是贵州人，前清的翰林，光绪末年曾在湖北督署任文案，并兼任调查局总办。胡是个死心塌地的清廷复辟派，其决心之坚甚至比张勋有过之而无不及，所以他对袁政权从未认同过。

不过在云南起义的初期阶段，北洋军在四川的战事进展还算顺利，所以冯的态度只是观望而已，并没有明显表示对袁的背离。

这时冯还给袁写信表示："京以外事，倘有所命，决不敢辞。惟京内事，则极望菊人、芝泉诸兄能切实秉命而行，不要为其左右所误……" 当段祺瑞看到冯的信后，骂道："冯华甫本来是狗，现在看来，简直连狗都不如。"

但是，袁却不放心冯国璋，1915 年 12 月 18 日，袁调冯进京任参谋总长，就是怕他在外边不保险。冯国璋自也明白老袁的这种手段，便干脆躺倒不干，请起了病假。袁此时已失去当初对手下的绝对权威，只好听任他在南京遥领参谋总长职务。云、贵独立之后，冯国璋看到反袁的势力越来越大，于 1916 年 3 月 9 日销假视事，趁机要在南北对立的夹缝中打拼自己的天下，遂逐渐成为抵制洪宪帝制的中心人物。

2 五将军通电

云南起义后，冯国璋的进退成为南北诸省关注的焦点。当袁派曹锟进川镇压护国军的时候，梁启超派人到南京，请冯国璋协助护国军。冯对来使说："我是袁大总统一手提拔起来的，我对他一直有知遇之感。论私交，我应该拥护他；可是论公义却万万不能。其实拥护他未必对他有好处，一旦人们群起而攻之，那样受祸更烈。"

广西独立后，四川将军陈宧派胡鄂公到南京与冯接洽。胡鄂公本是国民党，素以反袁为第一要务，便对冯说："二先生(陈宧)完全以上将军之马首是瞻。如果上将军同意四川独立，叫我在这里发一个密电，他立即宣布独立。"经过胡鄂公反复地游说，冯终于吐露心里话说："老头子不把我当作自己人，他手下全是些狐群狗党。癞蛤蟆难过端午节，这也是天意。你的电报我照发就是了。"

于是，冯密电与他关系较密切的各省将军，准备发一个迫袁取消帝制，惩办祸首的联名通电。3 月 18 日，冯致电各省北洋派的军人，向老袁施压，以左右局势。他向各省军头发出密电，江西的李纯、山东的靳云鹏、浙江的朱瑞，以及湖南的汤芗铭同意列名——号称"五将军电"。但冯觉得五个人的声势还不够大，打算进一步联络其他省的将军。密电到了直隶的朱家宝(1860—1923)的手里，朱向袁告了密。袁世凯于 3 月 19 日得到朱家宝的密报后，惊惧交加，几乎为之昏厥。此时他才发觉，他一手培植起来的北洋系如今已经众叛亲离。这比护国军在西南起义更令他心惊。他向夏寿田说："完了，一切都完了！我昨天晚上看见一颗巨星从天上掉下来，当年李鸿章去世前，我曾见到一次。这一次大概该轮到我了。"他还说到袁家上一辈的人没有活过 59 岁(虚岁)的，他现在已经 58 岁，恐怕这一关难以通过。

此时，西南战场的形势已经逆转，北洋军节节败退。国际上的动态也令人沮丧，日本的大隈首相表示，日本准备在中国自由行动——军事干预的代名词，派兵进驻中国各地，以确保东亚和平。

二 撤销承认帝制案

1 登极一延再延

袁宣布承认帝制后,原拟于 1916 年阴历元旦登极。大典筹备处于 12 月 25 日专门开会讨论登极典礼的仪式等事宜,不料次日就接到暂缓举行登极的“谕旨”。后来,又挑选 2 月 6 日,这天乃是阴历正月初四,正好是立春的第二天,大地回春,万象更新,很是吉利,但届时又未能举行。2 月 9 日,2 月 20 日一展再展,全都未克实行。

此时,云南战事已经发生,再者,各国公使一再警告,外交上颇多障碍。登极——这是个遥遥无期,远在虚无缥缈间的日子。

虽然大典筹备处一再请袁皇帝早日登极,但奏折上全被批以“暂缓”。外省的文武大员们也纷纷陈请皇帝早日正位,参政院院长溥伦还专门上折,乞请袁世凯早登大宝,以安天下悬望之心,袁也没有心思再去一一批复了。政事堂出面通电各省,解释登极展期原因时,只以筹备未妥一推了之,但是对各地的劝进催促者并不禁止。大典筹备处还接到上谕:凡是筹备中的各项工程仍然加紧准备。

帝制派们对登极一事也有两种主张,一派主张尽快举行,他们认为,云南起义的发生就是因为帝制步伐的延宕,才给了暴乱分子以可乘之机。所以要迅速完成登极大典,则可收安定民心、稳固局势的特殊功效。另一派则主张缓办,这些人主要从外交上面考虑,认为云南乱事未平,会给外国人以借口,不如等乱事平定后,再举行登极仪式。

可是,等到滇军进入四川,黔军又入侵湖南,登极变得越来越渺茫无期。袁世凯只好于 2 月下旬发布明令,谓:

滇黔倡乱，惊扰闾阎，痛念吾民，难安寝馈，加以奸人造谣，无奇不有。以予救国救民之初心，转资争利争权之藉口。遽正大位，何以自安？予意已决，必当缓行。此后吁请早正大位各文电，均不许呈递。

此后，四川、湖南的战事曾一度有利北军，前敌军官又有劝进电报发出。帝制派也趁机而起，向内外各方面运动。但很快广西独立，登极一事再也没人提起。

2 撤销承认帝制案

帝制取消的说法，早在云南起义半个月之后即时有所闻，不过那都是人们的猜测之言，不足为凭。政府方面还倡言：改变国体乃出于民意，既非少数人所能反抗，也非政府所能取消。所以帝制的各项筹备仍然积极进行。同时，一面疏通外交，一面加紧镇压云南起义。至1916年2月中旬，这撤销的说法又死灰复燃起来。大典筹备处原来奉旨承办的各项工作都奉命停办，自3月1日起，筹备处的经费也停了。有人提议，先取消洪宪年号，解散参政院，裁撤大典筹备处。袁世凯在总统府内召集一连串会议，商讨具体办法——当初，承认帝制时唯恐不速，今天撤销，也同样希望早日甩掉这个惹麻烦的包袱。

袁世凯找来智囊杨士琦问计，杨认为惟有撤销帝制，方可把这步死棋变活。他的如意算盘是：撤销帝制后，和西南方面坐下来谈判，尽量和平解决争端——这样，袁世凯皇帝做不成，仍不失大总统的位子。但是，袁顾虑到西南方面会对他的总统一席产生疑问，便问杨士琦道，如果取消帝制，对方不承认他的总统地位怎么办？杨答道，那样一来，彼曲我直，定会激起北洋袍泽们同仇敌忾、背水一战的斗志，军事上则稳操胜算了。

这时的内外形势逼迫老袁别无他路。五国公使再次提出口头警告，日本公使公开表示要承认护国军为交战团体。袁此时想的是如何保住脸面，以一种体面的方式辞去帝位。他本想召开参政院代行立法院会议——因为当初促请他接受帝位的也是参政院，他向会议提出咨文请辞帝位，参政院自然会请他留任大总统。可是,3 月 15 日广西独立后,火烧眉毛,已经来不及走这一套形式了。此时,他才想起那几个被他打入冷宫的老部下。

自滇军入川,贵州、广西独立后,黎元洪就曾派张国淦去天津就商于徐世昌,力请他出来挽救大局。此时,高层内取消帝制的呼声极高,徐乃言:“我本不赞成帝制,但是取消两字叫我如何对项城说出口?”张国淦说:“不单要劝袁取消帝制,还要劝他退位。”徐不禁惊得说不出话来。张说:“帝制是何等重大的事情,不是成功,就是失败。既然不能站住,就得离开。如果他不待各方面压迫,自动退位,反而会赢得多数人的同情。何必迁就对付,欲进不能,欲退不可。袁对我不薄,所以希望他当机立断,若是再犹豫不决,形势就更不利了。”徐仍是说:“退位一事,此时实在不便提出。不如先劝他取消帝制吧。”徐请张拟稿写信向袁进言,内有“及今尚可转圜,失此将无余地”,请求取消帝制。此时,袁又接到五将军通电,及驻日公使陆宗舆电告袁:大限首相在御前会议上提出,准备自由行动,派兵进驻中国各地,以保护东亚和平。袁正惶惶无策,接到徐的信后,当日派人到津,邀徐进京。

徐于 3 月 18 日到北京,与袁密谈了半天。

1916 年 3 月 21 日,袁派承宣厅给徐世昌、段祺瑞、黎元洪发去请柬,并带话说:“请看在多年的老交情上,务必劳驾出席。”徐、段果然碍不过情面,都来了。可那个黎元洪还是避而不见。徐、段二人虽然来了,却是一言不发。还是袁自己提出取消帝制的意见,并且加重语气说:“取消了帝制,他们的目的已经达到,若是他们仍不肯罢兵,就是彼曲我直,我们就不能容忍他们继续捣乱了。”适逢安徽将军倪嗣冲也参加了会议,他边跳脚边咆哮着:不能取消帝制,并要带兵去打西南。袁世凯把五将军通电给他看了,他才无话可说。袁又请徐世昌回到国务卿的任上,主持与南方议和的问题,徐推脱不掉,只好重做冯妇。

这次会议议决了下列事情:

(1)撤销承认帝位案,取消洪宪年号。

(2)召开参政院临时会议,以取得撤销帝制的法律依据。

（3）解除陆征祥的国务卿职务，仍回任外交总长。

（4）任命段祺瑞为参谋总长，以代冯国璋。

（5）请黎元洪、徐世昌、段祺瑞联名电劝西南停战议和。如果同意，可任命蔡锷为陆军总长，戴戡为内务总长，汤化龙为教育总长，梁启超为司法总长，熊希龄为财政总长。

然后，袁在怀仁堂召集各部门联席会议。袁的态度从容、镇定，但声音有些震颤，显然是因受刺激而又强作镇静的样子。会上，袁宣布取消帝制，并决定将各省推戴书发还参政院销毁。本来打算当天晚上就发布命令，但是袁又临时把取消帝制的通电要了回去。原来是袁克定向其父进言说，取消帝制，当然还是大总统。如果西南方面进一步要求，连总统也当不成，怎么办？不如干脆什么也不答应他们。老袁正在狐疑不定之际，徐、段听到消息进府来问，是否总统又有反悔之意？袁只好说，我不过要改动其中的个别字句。3 月 22 日，撤销帝制命令正式发出——算起来，自袁接受帝位到宣布撤销，刚好是八十三天！

袁先是命令天津造币厂所铸的帝国纪念新币暂缓使用，接着停发大典筹备处经费，摘下其招牌。袁把因反对帝制而被免去机要局局长的张一麐召来，请他起草“取消帝制令”，他对张说：“都是我昏聩，不听你的劝告，以致造成今天这样的局面。今天，这个命令必须得你来起草不可。”

北方以为帝制撤销，一切问题可以迎刃而解，殊不知，南北之间的问题并非这样简单。

眼看帝制无法继续下去，袁世凯心里十分懊丧，因此对袁克定时常加以苛责。袁克定也觉得内心不安，曾和其亲戚张镇芳说，不然我就辞去太子就算了。张也没有好话给他，说，储君本来就未定，哪里用得到辞？

袁世凯又密令陈宧、张敬尧等与护国军谈判停战。双方接触后，决定自 3 月 31 日起先停战一个星期。接着，又延长停战期一个月，实际上从此双方再也没有交战。蔡锷与陈宧达成停火协议，遭到了中华革命党和护国军内部的反对和不满。其实，此时蔡锷也无法再战，不仅唐继尧在后方一兵一卒未予支援，而且护国军各路人马也互不协调——说起来，护国军最后的胜利，也是侥幸罢了。这场护国战争从2月6日正式开战，至3月23日停战，只进行了一个半月。从军事上来说，双方都没有达到预期的战略目标。袁世凯军事上的失利远不如政治上的损失；而护国军方面在政治上的收获远大于军事上的胜利。

同一天，日本大限首相召集元老、重臣举行紧急御前会议，并不因撤销帝制而放弃倒袁的政策，一方面积极接济反袁势力，甚至打算以保护各国侨民为由出兵中国。袁政府感到日本威胁日甚一日，因而考虑大仓喜八郎的斡旋条件，准备接受《二十一条》中的第五款，对日本作最大让步——但此时日本却拒不接受。

3月25日，参政院一致通过撤销帝位案——当初推戴袁接受帝位的也同样是这些人。

4月中旬，日本外相石井断然拒绝袁氏的乞援，而提议袁到日本政治避难。接着，又以政治优先的原则为由，倡导拒付北京“盐税余款”——每年五六百万，占了北京政府收入的绝大部分，从经济上加大对袁政府的打击。

第九章

南北议和

一　双方议和的条件相去甚远

1 北方议和的条件

1916年3月28日，袁世凯以黎元洪、徐世昌、段祺瑞的名义致(勘)电与陆荣廷、梁启超、唐继尧、蔡锷：

帝制取消，公等目的已达，务望先戢干戈，共图善后。

此电事先并未征得黎、段的同意，为此段生气地说："老头子到今天还要包打包唱！"老袁赶紧表示，以后，政治问题由徐负责，军事问题由段负责，他绝不再干涉。

4月1日,黎、徐、段联名提出议和条件:

(1)滇、黔、桂三省取消独立。

(2)三省治安由当地长官负责。

(3)三省所募新兵一律解散。

(4)三省派往战地士兵一律撤回。

(5)三省自即日起,不准与政府军作战。

(6)三省各派代表一人到京筹商善后事宜。

4月中旬,西南方面陆荣廷会同唐继尧、蔡锷、刘显世,及龙济光、张鸣歧等,电复黎、徐、段等人,提出针锋相对的议和条件:

(1)袁退位后,免其一死,驱逐国外。

(2)诛杨度等帝制祸首十三人,以谢天下。

(3)大典筹备费用及军费六千万,应查抄袁及祸首十三人家产赔偿。

(4)袁之子孙三代褫夺公民权。

(5)依照民元约法,以黎元洪继任大总统。

(6)政府官员照旧供职,但内阁成员除外。军队驻地由护国军都督指定。

徐世昌和段祺瑞见双方一时谈不拢,便想先把战事停下来再说。于是,陈宧受命与蔡锷接触谈判停战。蔡锷想说服陈宧独立,但此时陈宧还未决心和袁决裂,所以暂时搁置了政治问题,只达成了停战的协议。

这时,帝制问题告一段落,后面的事情是袁的退位问题。

2 袁世凯的退位问题

3月22日，袁世凯把张国淦召到总统府，对他说："当初悔不听你们的话，弄到这种地步，这与别人无关，都是我昏聩糊涂。但是过去的事，说也来不及了，应该想以后的办法。现在时局混乱，副总统有何救济之策？"张言："副总统没有表示过。"袁又问："外边有些什么议论？"张答："就是退位与不退位的问题。"袁凝视张许久，问："依你看，我退位好，还是不退位好？"张从外交、军事、舆论三个方面分析时局的严重性。袁说："外交虽有反对者，还是有办法的。舆论在中国还很脆弱，不足为虑。中心的问题就是军事，你看蔡锷能打败我吗？"张又向袁分析外交、舆论的重要性，同时向他指出军事的重心已落到东南，而不是西南。袁问："你是说冯华甫吗？"张答："冯跟随总统多年，总统应该知道。"袁又问："你以为冯会支持哪一方吗？"张说："冯要是支持哪边，哪边就会得胜，这是肯定的。可怕的是，他哪方也不支持，那就不好办了。"袁世凯无话可说，只是叹息而已。张最后说："奉献给总统八个字'急流勇退，实至名归'。"

袁此时默然无语，并无表示，只是要张去请徐世昌来见。张国淦从总统府退出，赶到东四五条徐宅，见徐正登车准备去见袁。张把刚才与袁的交谈告诉徐，徐惊讶道："我们这边尚没有人提出退位，总统有何反应？"下午，张国淦又去徐宅打听他和袁的谈话，徐说："总统对你所说冯哪方也不支持的话，很是痛心。他决定派阮忠枢去南京疏通。"徐又对张说："南京地位固然重要，四川、湖南也不可忽视，陈宧、汤芗铭都是你的湖北老乡，总统待他们也不薄，何不发个电报，请他们与中央一起，共同维持大局。"张国淦心里说，二人前不久还电告我，准备看形势相机行事。便推托道："现在的军人变动不居，以后的战祸正是方兴未艾呢。"徐也为此唏嘘不已。张将此事转告黎元洪，黎说："今天冯国璋还有电报谴责他，旧部已经涣散，他还如此恋栈，真是不可理解。"自此之后，时局的重心开始移到南京。

阮忠枢二下江南，冯国璋和他整天在烟榻旁海阔天空，言不及义。阮见不得要领，只好空手而返。

二 南北对立的局面

1 浙江独立

袁世凯打算调驻沪的第二十师开赴浙江，却遭到浙江上下的一致反对。驻防杭州的第二旅旅长童葆暄、警察厅厅长夏超、宁波独立旅旅长周凤歧、嘉湖镇守使吕公望、台州镇守使张载阳都有独立的倾向，而浙江将军朱瑞却是首鼠两端的人物。不久，市间传出朱瑞准备杀掉童葆暄，以保省内安定局面的传言。童葆暄遂先下手为强，于4月11日，进攻将军署，朱从后门逃跑。众人推举巡按使屈映光为都督，以维持地方。这屈映光是忠于袁世凯的，他一方面应付省内革命派，一面给袁拍去密电，告诉袁浙江独立并非出自他的本意。袁世凯正在众叛亲离之时，见到屈的密电，不啻捞到一根救命稻草，便把密电公布出来，想叫各省效仿。不料，如此一来，将屈映光置于危殆之地。周凤歧、吕公望逼迫屈映光辞职。5月6日，吕公望被推为浙江都督。

起初，袁世凯令刘冠雄用军舰运兵南下广东，不料广东独立。又改变方针，运兵浙江。4月15日，以新裕、新康、新铭、爱仁等轮，载第十二师部分官兵，由海容、海圻舰护航。不料在温州附近遇到大雾，海容舰和新裕轮相撞，七百多士兵葬身鱼腹。此时，浙江内部又起纷争，刘冠雄只好带领舰只开赴福建。

2 广东独立

广东的龙济光于1916年1月28日打退攻入惠州的陈炯明护国军，袁立即加封他以郡王衔。此后，广东境内到处独立，使龙济光顾此失彼，平不胜平。

陆荣廷又一再敦促其独立，并愿意保证他的地位，否则广西军就要打到广东。在大势所趋之下，龙一面佯装准备独立，一面暗中电请袁世凯派北洋军从海路救援广东。但没等到北洋海军到达，省内的海军却已经响应民军而行动。龙只好在征得袁的同意后宣布独立——实际是以独立的手段达到拥护中央的目的。

4月8日，龙邀请岑春煊、陆荣廷到海珠会议，商议各方停止相互攻击。12日，进步党代表徐勤、陆荣廷的代表汤觉顿、海军总司令谭学夔、警察厅长王广龄、警卫军统领颜启汉，及其他商界代表等举行联席会议。警卫军全是龙的人马，他们暗藏武器，准备压迫民军接受他们的要求。会上，双方意见不合发生争论，颜启汉突然命令手下开枪。在双方的混战之中，当场打死汤觉顿、王广龄等人。此事件史称“海珠事变”。以副抚军长代行总抚军长的岑春煊不禁大怒，立召龙济光来肇庆问罪。

陆荣廷因龙毕竟在广东有相当的实力，梁启超也不敢得罪地头蛇，最后以蔡乃煌作为替罪羊。但是，龙也不得不作出让步，与陆荣廷达成如下的条件：

(1)承认在肇庆成立两广都司令部，岑春煊为都司令。

(2)龙仍任广东都督。

(3)枪毙蔡乃煌。

(4)即日调兵北伐。

(5)民军由岑春煊处理。

1916年5月1日，两广护国军都司令部成立，岑春煊为都司令，梁启超为都参谋。5月8日，军务院在肇庆成立，这是护国军的中央机构，代行国务院职权。唐继尧被推举为抚军长，梁启超为军务院政务委员会委员长。蔡锷本来不同意成立军务院，由于梁启超的解释才撤回反对意见。成立军务院的目的，不过是想把群龙无首的护国军各派统一在其大旗之下，以对付强大的北洋系——持续几十年的南北对立的格局从此开始。

说起护国军实在是个受利益驱使而拼凑起来的大杂烩，其中有以孙中山为首的中华革命党人、以黄兴为首的欧事研究会人、以梁启超为首的进步党人、以岑春煊为代表的旧官僚、以康有为为代表的保皇党人，还有陆荣廷的桂系军阀、唐继尧的滇系军阀等等不一而足。唐继尧在护国军攻下叙府之后，立即派滇军绕道西康前往成都，其抢占地盘的野心暴露无遗。

岑春煊是龙济光的老上司，龙不得不表示拥护。再说，海珠事件后，龙知道自己惹了祸，因为汤觉顿不但是陆荣廷的代表，而且是梁启超的好友。岑春煊电召龙到肇庆，要他把海珠事件说清楚。龙在岑面前从不敢说“不”字，但他又不敢贸然前去，只好请张鸣歧斡旋其事。张鸣歧也是岑一手提拔，后来投到袁世凯一边，岑哪会给他好脸色？张鸣歧心虚，便借故溜之乎也。岑见龙不来，张又跑了，便命龙把蔡乃煌押到肇庆。

原来，蔡乃煌（1861—1916）和岑春煊（1861—1933）二人在1907年的丁未政潮中，还有一段过节儿。

1906年，瞿鸿禨和庆亲王奕劻斗法时，岑春煊被排挤，从邮传部尚书被外放两广总督，断了瞿鸿禨的一条臂膀。岑没去上任，留在上海静观朝内动静。袁世凯怕岑老三东山再起，便给他的把兄弟兼儿女亲家端方去了一封信，叫他设法调查一下岑春煊在上海停留期间有何不轨行为。端方心领神会，把此事交给上海道蔡乃煌。蔡买通一个照相馆老板，把岑春煊与康有为的照片拼在一起，作为岑交通保皇党的证据。果然，慈禧太后一见照片气得脸色骤变，连他的两广总督也给免去。起初颇具声势的瞿、岑一派，落得个损兵折将。蔡乃煌是广州人，早年略有文名，善于代人捉刀替考。一次某巨商以五千两银子的代价请他为儿子替考，蔡某既想自己中举，又想要银子。于是，蔡在考前大肆散布某人请蔡枪替的流言，甚至把揭帖贴在贡院的影壁上面。那个商人儿子见了不敢入闱，而蔡自己却高高地中了举。那商人欲讨回代考资，蔡则说，我是替你儿子考的，他不进考场，我有什么办法？这个蔡乃煌一生大多干的是这样的荒唐行径。

岑春煊发了令，龙济光不敢不听，便派军警把蔡乃煌监视起来，不要叫他溜走。蔡知道自己罪无可逭，自去见龙说，可不必解他去肇庆，情愿死在广州。5月22日，龙乃派了一排士兵，押其到刑场，一枪毙命，行刑布告只写：“蔡乃煌无罪可科，国人皆曰可杀。”

三 南京会议

1 冯国璋想树立自己威信

袁世凯此时的唯一希望是保持北洋派的团结，只要北洋系不分崩离析，一切还有挽回的可能。于是，袁派他的老谋士阮忠枢到南京去说服冯国璋，要他联合那些未独立的省份发一个拥护袁继续做总统的通电。一方面显示北洋系的团结，一方面也是向护国军的示威。但是冯却认为，首先应该协调内部，把未独立各省军政首长叫到南京开会，取得意见和行动的一致。其实，冯有他自己的打算，他想借此机会树立自己的北洋领袖地位，然后，仿照辛亥年的成例，在南京组织一个临时参议院，选出临时总统，进而变为正式总统。他作为东道主，当选的可能性是很大的。他之所以有如此的自信，是因为他和护国军方面早已有了多方面的联系。总之，他把自己摆在了当年袁的位子上面了。

护国军起义之后，冯国璋作为军界元老三缄其口，绝不言讨伐之事。只是帝制取消后，他才于4月1日，给徐世昌、段祺瑞发出一封电报，谓：

> ……南军希望甚奢，仅仅取消帝制，实不足以服其心。就国璋观察……须于取消帝制而外，从速为根本解决。以前帝制发生，国璋已信其必酿乱阶，始终反对，惟间于谗邪之口，言不见用，且恐独抒己见，疑为煽动。望……立即再进一步，以救现局。

用比较含蓄的语言，敦促老袁下台。

但是，袁回电给冯说，他已经在英国置下产业，随时准备下野，但他受全民的委托，为国为民，没有找到稳妥的善后办法之前，一时难以辞职。冯国璋此时也就撕开了脸面，公开请老袁“敝屣尊荣”了。4月18日，冯国璋给袁世凯发出电报：

……默察国民心理，怨诽尤多，语以和平，殊难餍望。实缘威信既隳，人心已涣，纵挟万钧之力，难为驷马之追。保存地位，良非易易，若察时度势，已见无术挽回，毋宁敝屣尊荣，急筹自全之策，庶几令闻可复，危险无虞。

冯电之后，北方的军人纷纷跟进，劝袁退位。颇具讽刺的是，现在劝退的这些人，正是当初劝进的那些人。但是，袁依旧不愿意下这个台阶。

可是表面上冯本不想走得太远，又一面联合各省将军，致电西南，劝他们息战罢兵。4月中旬，大元帅统率处电告冯，陈宧与蔡锷已经达成停战协议，要他会同各省与西南协商具体条件。于是，4月18日冯国璋会同张勋、齐耀琳，通电各省将军，征求他们对向西南提出八项条件的意见：

(1)遵照清室交付袁世凯组织共和政府全权的旨意，承认袁氏仍为民国大总统。

(2)慎重选举议员，重新召开国会。

(3)惩办帝制祸首。

(4)统一全国军队，并实行征兵制。

(5)制定宪法，在此之前仍沿用民国元年的《临时约法》。

(6)各省将军、巡按使仍按1915年冬的旧例。

(7)撤回用兵西南的北洋军。

(8)对国民党人实行大赦。

袁世凯对于冯国璋的通电虽然有诸多不满，但是起码他仍然拥护自己的总统地位，因此有弃段倚冯的意思。5月4日，袁派蒋雁行到南京，游说冯说：“上边的意思是请上将军对西南方面多说些强硬的话，以维持大局。”

很快，陈宧回电说，西南方面对于袁氏的留任，绝不能同意。冯这才知道，所谓蔡锷已与陈宧达成协议，纯属一厢情愿。4月25日，冯又通电未独立各省，要求他们：

……各省联络，结成团体……扩充实力，责任同肩，对于四省与中央，可以左右为轻重，然后根据法律，审度国情，妥定正当方针，树立强固根本，再行发言建议，融洽双方。四省若显违众议，自当视同公敌，经营力征；政府如有异议，亦当一致争持，不少改易。

冯实际是想在袁氏和护国军之外，树立自己的第三种势力，此电得到了各省的认可。

4月26日，冯给徐世昌、王士珍和段祺瑞去电，明确要袁退位，以救时局。袁只好再次派阮忠枢去南京疏通。冯又于5月1日向西南方面发出（东）电，对以前提出的八条，做出适当的修改，变为六条：

关于总统的合法性。冯说，既然民国中断，大总统地位消灭，那么副总统地位也同归于消灭，不如仍旧根据清室委托袁氏的原旨，承认袁仍暂时维持的责任。同时召集国会，等到国会开幕，袁即行辞职。其他七条，除第七条并入第四条之外，又增加一项整理财政的意见。这其中的奥妙在第一条，因为副总统地位的丧失，黎元洪就不能继位，无疑为他本人问鼎总统提供了极大的方便。还有国会议员要慎重选举，绝不容许政党暴乱分子参加，这就把国民党排除在外。

袁自然乐于同意冯的主张，徐、段也表赞成。随即以黎、徐、段名义，复电冯：

东电悉。公所主张，于法律事实，俱能兼顾，卓谋远见，极表赞同。请即由尊处通电各省一致拥护，以解难局，至所企祷。

黎元洪虽然表示赞成，却又表示有所怀疑，便把张国淦找去商量。张说：

"应该先看原电。"黎叫秘书林长民取来电稿，看了之后愤愤地说："不过要做总统罢了，何必这样兜圈子？"张问："副总统为何还要同意？"黎答："我起初没见到原电啊！"林长民却是赞成这个电报的，与张国淦二人辩论许久。黎犯了牛脾气，无论如何不肯签字。第二天，徐树铮奉段祺瑞之命，到黎处催他签字，黎却始终不签。以后，徐世昌、段祺瑞等人不再要黎参与议事。黎从此对林长民也改变了态度，再不和他商量重要事情。

2 南京会议没有达成协议

5月5日，冯首先到蚌埠，邀请倪嗣冲，于6日至徐州会见张勋，商定解决时局具体办法，以便向南京会议提出。可是，张勋也有自己的小九九。他一直想复辟清廷，自己做开国元勋。但在走这步之前，袁世凯可以作为过渡。所以他宁愿维持袁的总统地位。他的角度是，当初清廷曾委托袁组织共和政府，所以袁的总统仍是合法的。张勋这里为将来清廷复辟埋下伏线。

冯国璋向各省将军下了请帖，道远的可以委派离南京较近的人员参加。袁世凯表面上对南京会议乐观其成，并授权冯国璋可以：(1)对和局的解决有决断权；(2)对政府的和议方案有核准权；(3)双方若决裂，有参与军政大权。实际上袁并不放心冯，派蒋雁行到场旁听，实乃监视。

5月18日，南京会议正式开幕。主要讨论三个议题：

(1)总统的去留问题。

(2)各省的求和备战问题。

(3)召开国会问题。

关于否认副总统地位的提议，不单西南方面反对，其他省份也不同意，所以自行取消。山东代表丁世峄坚决主张袁世凯退位，他报告了山东危急的现状，中华革命党的居正正准备谋求山东独立，并受到日本人的袒护——袁不退位，不足以拯救时局。丁的提议得到湖南等大多数省份的赞成。冯国璋以为兹事重大，不能轻率决定，遂未付表决而暂时休会。当天晚上，倪嗣冲带领三营卫队，雄赳赳地来到南京，使这六朝古都平添了几分紧张的气氛。

19日的会议上，倪首先发言，他是受袁的指使有备而来。他说，总统退位关系全国的安危，操之过急恐怕引起军政、财政上的混乱。不如宽限时日，慢慢寻找合适的继任者。他并大肆咆哮地责问丁世峄："你是否代表靳云鹏？靳将军是拥护中央的，你为什么私通南方？"冯国璋看局面不协调，连忙宣布改日再议。倪的意见得到张勋代表万绳栻的附和，其实张勋暗中想借着出兵把冯国璋挤走，自己来坐镇江苏。但大多数代表见到倪嗣冲来者不善的态度，都缄口不言，赞成袁留任的反倒占了多数。接着，各省对能否从兵力、财力上支援用兵西南表示了态度——绝大多数不是诉苦兵员不足，就是哭穷军费短缺。

20日举行第三次会议，冯国璋在会上表示，总统退位问题，本会无权表决，应该由国会来讨论决定。此议得到大多数代表的赞同。

22日会议上面，丁世峄建议邀请西南方面派代表参加会议，冯国璋也同意了这一建议。不料，倪嗣冲不但不同意和西南代表坐在一起讨论，甚至主张继续用兵西南，坚决镇压护国军，他的建议得到张勋的支持。丁世峄起来反对，因此和倪发生了争吵，倪嗣冲暴怒之下，拂袖而去。进步党的林长民、籍忠寅也表示附和倪的意见，丁世峄又不干了，他也拂袖而去。

5月25日，张勋会同倪嗣冲发表了一个通电，向南方护国军发出战争叫嚣。西南五省当然拒绝参加南京会议，冯只好于5月30日结束南京会议。这次会议各项议案都未得到充分的讨论，即使是袁氏的去留问题，也只是实力派的单方面主张，各省代表不敢公然反对。南京会议结束后，冯对袁的态度未有任何变化，袁世凯忧心忡忡对王士珍说："人们以为这次南京会议是北方势力，其实，不啻由我手中攘夺大权。滇、黔反侧，远在边地，尚无紧要；浙、粤之变，予亦自有把握，冯乃我手下最有力量之人，彼竟公然宣布叛言，遂使各省皆为摇动，大事益为棘手，令予进退维谷。"

冯国璋本想取老袁而自代，却不料弄巧成拙，被舆论讥为"与其名为解决袁氏地位问题之会议，毋宁说是名为解决自己地位问题的会议"。当时，虽然有的省份代表离去，尚有大多数代表留在南京，俟袁世凯去世，这些代表受张勋之邀，去徐州开会——即所谓的第一次徐州会议，由此种下了复辟的种子。

帝制期间，冯国璋的夫人周砥时常将江苏的动向报告给袁世凯，凡冯国璋与各处往来电报，各地来人游说者都逃不过周夫人的眼线。后来，袁世凯取消帝制，周夫人的情报仍然不断。袁看了后感叹道："我豢养左右几十年，高官厚禄，一手提拔。时至今日，没有一个人不背叛我。想不到一个妇人对我却始终报恩，北洋的文武旧人真当愧死。"

有人赋诗叹曰：

卷底投篋罢直庐，侍儿犹送过江书。
南朝男子无奇气，祇叹文姬不负予。

徐世昌重新出任国务卿本以调和时局自任，然而在其任职一个月之内，与黎元洪、段祺瑞多次商洽都无结果；与四川、云南方面的议和也无结果，而西南方面一再要求袁世凯退位。段祺瑞与西南方面秘密往来，串通声气；徐与西南素无渊源，夹在其中实在难受，而且段祺瑞气焰逼人，遂退避三舍，于4月21日辞去国务卿职务。

章宗祥

袁世凯只好启用段祺瑞，段趁机提出要改为责任内阁。老袁意识到，这是民国元年国民党人限制他总统权力的老调子，可是现在自己地位非当年可比，也只好同意。

于是，1916年4月21日，袁下令，委任段祺瑞为国务卿总理国务，组织政府。内阁成员如下：

外交：陆征祥

内务：王揖唐

财政：孙宝琦（后由周自齐署）

陆军：段祺瑞

海军：刘冠雄

司法：章宗祥

教育：张国淦

农商：金邦平（后由章宗祥署）

交通：曹汝霖

曹汝霖

段祺瑞这时的地位极似辛亥革命时的袁世凯，他要利用护国军打倒袁世凯，而用北洋军来对付护国军。他首先要求撤销政事堂，将权力集中到国务院。袁只好于5月8日下令废除政事堂改为国务院，段为国务总理。接着，段祺瑞提出撤除总统府机要局、大元帅统率办事处和军政执法处三机关，让陆军部接收模范团和拱卫军。袁看出段的意图，想把大权全部夺去。袁世凯毕竟是袁世凯，面对咄咄逼人的段祺瑞，干脆来个不理不睬，不但没有撤销三机关，还令梁士诒暗中掣肘段。

段祺瑞自以为解决时局极有把握，可是袁的见识毕竟高出段一筹，他认定以后时局的关键是在副总统黎元洪身上。因此他极力邀请张国淦入阁，同时担当联系黎的任务。袁世凯此时仍然没有放弃把黎元洪拉出来为他抵挡局势的企图，便想托张向黎疏通。5月5日，袁问及黎的起居近况之后，说："副总统许久未见，大局如此，须得副总统为我帮忙。副总统人极长厚，但是经验似还不够。本人意思，打算请副总统每日到府，与我同桌披阅文电，商讨大计。总统的位子将来总归是副总统的，我本人一旦得到机会，在体面的情况下，就回家养老去了。"张国淦虽然没有答应为他传话，但是张私下把这意思转达给黎之后，黎愤愤地说："我在二次革命时，极力拥护他，曾为他作十二分担保，却落得这样一个结果。我不能一再受他的欺骗了。"

段就任总理之后，拟任徐树铮为国务院秘书长，便托王士珍向袁进言。但久无动静，又托张国淦向袁疏通说："徐和我相处多年，文笔也佳，请予任命。"不料，袁听到徐树铮的名字便有不快之色，说："段是军人，徐也是军人，以军人总理而用军人秘书长，大不相宜。王式通的文笔也很不错，怎么不能用呢？”段听了袁的答复，把口中的烟嘴往桌子上重重一摔，狠狠地说道：“时至今日，还是如此！”说着，鼻子就向左边歪了过去——原来段祺瑞一生气，鼻子就会往一边歪。本来，这次段的出山有与北洋元老一起应付南方的意思，从此之后，遂下决心同南方联手，共同倒袁。此时袁已病入膏肓，哪里晓得这些呢？

第十章

总统暴毙

一　送命的“二陈汤”

1 陈宧宣布独立

陈宧此人在民国史上似乎显得无关轻重，甚至是默默无闻，其实，在袁世凯时代，他是左右政局的一个至关重要的幕后角色。

1912 年，陈宧任参谋次长时，未露头角，惟刻意讨好黎元洪，以得其信任。并结好于夏寿康、饶汉祥等黎身边的谋士，作为自己在武昌的内援。于是，北京和武昌之间，陈宧成了一条至关重要的联系纽带。

1912 年夏天，孙、黄进京前夕，陈宧曾到公府与袁世凯密谈通宵，他向袁分析天下大势，颇有诸葛亮隆中对策的意味。陈说，海内政治中心现有三处，即北京、武昌、南京。三地分别由袁、黎、黄坐镇指挥。陈为袁献“联黎倒黄”的计策,并陈说其后的步骤、策略。袁世凯闻听后,不禁狂喜不已,大有相见恨晚的感慨。

首先,陈宧献策把黄兴的南京留守撤销,因为留守府尚有一定的军队,将来若与各省国民党籍都督联合,其威胁不可小觑。袁遂对陈说:“一切事情托付给你,你自己斟酌着办吧。”当时黄兴的至友黄宝昌、陈裕时等都在留守府掌权,而陈裕时又是陈宧的亲信,成为来往京宁两地的密使。留守府所需的粮饷军械,早晨向北京提出预算,下午批转的电报就发了过来。所以黄兴极感戴陈宧的奥援。一天,陈宧对黄宝昌、陈裕时说,元首极为信任黄兴,黄何不假装向袁提出辞职,袁必定慰留,则黄的威信更高。黄宝昌、陈裕时果然把陈宧的话,转达给黄兴。黄兴真的向北京电辞留守一职,岂知,袁马上照准,还通令嘉奖,说黄兴牺牲权位,为国谋利。黄宝昌知道上当,无法面对黄兴,遂削发为僧,闭关至死。

解决了南京问题,陈宧又来策划对武昌的行动。

陈宧通过副总统府内的亲信,游说于黎元洪道,孙武、张振武、蒋翊武都是辛亥起义时的元老,手握军权,目中无人,专横跋扈。三武不去,则副总统不过是个尸位素餐的菩萨,不如把他们请到北京,以高官厚禄笼络住,不要他们再回湖北。黎元洪正在为这几个人不听指挥而头痛,便电商于袁。袁一纸命令,把参加武昌首义的一百几十余人全部召到北京。黎元洪特意发给极优的旅费,鼓励他们进京。孙武与陈宧相善,被封为义威将军。张振武桀骜不驯,被陈宧、饶汉祥上下其手害死了。蒋翊武返回南方,也被杀。黎元洪又依照陈宧的计谋,撤换了鄂军中的所有高级将领,换上与陈宧有渊源的人,于是武昌竟变成陈宧的办事处。

二次革命后,陈宧献策于袁说,各国副总统没有领兵者,美国副总统照例是参议院议长,可援此例,请黎入京。于是,段祺瑞带着袁的亲笔信,来到武昌继任鄂督。黎元洪被强迫半夜上车北上,连几个亲随都被陈宧派来的人拦住,不准跟随。

此时长江流域已被北洋军占据,惟有西南川、滇、黔、桂四省将军还不是北洋系的人马。陈宧替袁设计处置四省。对于陆荣廷，陈宧认为他不过是个出身绿林的莽汉，只要高官厚禄不难满足其欲望，再安排一个巡按使放在他身边监视，广西可不用忧虑。贵州的刘显世是宪政派，而贵州多是梁启超的门徒，梁启超已被羁縻在京，只要礼遇梁，贵州也不会出事。四川的胡景翼，陈宧略施小计，使胡与巴蜀的革命党人形同水火，胡自然不安于位。还有一个云南，蔡锷是梁启超的弟子，是个倾向革命的人。但他以湖南人掌滇省大权，自有极为不利的一面。陈宧通过其在云南的旧属，联络唐继尧等云南军人，一旦他们起来有所表示，蔡锷必然知难而退。那时，袁再以高位笼络，使他入京，便不会构成威胁。而唐继尧以滇人治滇，自会感激袁——西南无事，全国各省都可风平浪静了。袁世凯听了陈宧一番妙计，对他更加信任有加，一切完全按陈宧之计而行。

当洪宪议起之时，袁把内部事务全由袁克定和杨士琦主持，外省则交给了陈宧，而各省中惟有西南方面不放心，所以当胡景翼被在野的革命党人威逼下，只求尽快离开川地，陈宧乃带领三个混成旅进入了四川。

不过，陈宧也有他的软肋。

北洋军是个地域性极强的军阀集团，所以随陈宧入川的三个混成旅根本不听他的调遣，他所能勉强指挥的只有伍祥祯一旅，可这又是三个旅最不中用的一旅。冯玉祥所部是能打硬仗的，但是冯旅一心想把队伍拉到陕西去，不时地索械索饷，不受陈宧的约束。所以，此时陈宧即使想为袁世凯卖命，也没有资本。此时陈见大势已去，只好和蔡锷及西南方面暗通款曲，借机与川中的革命党联络，答应他们，如果自己离川，一定将军械武器留给川人。所以，袁世凯死后，冯玉祥等早已离去，陈宧反而靠革命党护送离开四川。由于蔡锷的关系，帝制祸首也未列陈宧之名。

蔡锷曾劝陈宧独立，陈答："事权不一，环境困难。" 蔡锷的前敌总指挥韩凤楼是陈宧的学生，而伍祥祯又是蔡锷的旧部。冯玉祥虽然不听话，但还是为陈宧打了一场硬仗。他在曹锟手下吴佩孚旅的配合下，从内江开赴前敌，从护国军手中夺回纳溪、叙府，袁世凯立即封他为三等男爵，提升为中将。

这时，陈宧表面上表示受袁之恩深重，可形势又明摆在那里，所以采取了一种不拥不反的暧昧态度。

一天，胡鄂公对陈宧说："二先生，明天我要回湖北去了。"陈宧惊讶地问："这是为什么？"胡答道："实不相瞒，我是革命出身。这局面再演变下去，哪里好意思去随班三呼万岁呢？"陈宧一怔，随后说道："我明白你的意思，谁愿意做一人一姓的臣仆？再说我上有八十岁的老母，下有残废的儿子，还图个什么？"次日，陈宧召集胡鄂公、邓文瑗（蓝天蔚的岳父）、何积祜等幕僚分析形势。陈宧说："松坡不是轻举妄动的人，老头子的把戏必败无疑。"几人决定，先联络一下冯国璋、汤芗铭，再定下一步的行止。

早在1916年2月10日，陈宧就派其心腹胡鄂公到南京与冯国璋联系，窥探形势，以使自己立于不败之地。广西独立后，陈宧知道袁的帝制已无成功希望。但是进川的曹锟、张敬尧两师在身边，他又不敢贸然宣布独立。至3月份，他和蔡锷达成停战协议，此时冯国璋的反帝制态度逐步明朗化，陈宧的态度也为之一变。5月3日，以能与西南通话自居的陈宧致电袁世凯："元首若允退位，其他优待条件，当与各疆吏力争。"

此时，任总理的段祺瑞也赞成袁退位，并且根据陈宧建议，拟定了优待袁的条件六条：

(1)往事不究。

(2)不褫夺公民权。

(3)不没收其私产。

(4)居住自由。

(5)全国人民予以应有的尊敬。

(6)政府每年给以十万元的岁费。

袁世凯看了这些条件，满不在乎地说："很好，我退位不成问题，只要你们拟好善后的办法，我立即搬到颐和园去住。"

5月12日，陈宧第二次打电报给袁，指出退位和善后是两码事，毫不客气地请袁立即退位。此时，四川各路民军已经开始向成都进攻；陈宧看出，若是再不宣布独立，自己的地位就岌岌乎殆哉了。

5月22日，陈宧再给袁一份电报，中有“自今日始，四川省与袁氏个人断绝关系；袁氏在任一日，其以政府名义处分川事者，川省均视为无效”，并且揭露袁“以三千万元存于英国，为将来逃亡计”。袁接到这个电报后，当场晕厥过去。醒来后，脸上红如炭火，眼中流泪，口中喃喃地说：“人心大变，乃至于此。”袁把梁士诒叫来，问他：“陈宧靠得住吗？”梁极力担保陈宧可靠。袁将陈宧的电报给他看，一边说：“二庵厚爱我若此，夫复何言？”梁士诒看后惊得张口结舌。陈宧是袁最近提拔和信任的人，却居然和他断绝个人关系，因此使他大为伤心。袁一面回电痛斥陈宧，一面任命重庆镇守使，川军第一师师长周骏督理四川军务。此时，袁不由得想起当初章太炎对陈宧的评价：“亡民国的将是此人。”

令陈宧想不到的是，段祺瑞掌权之后，最不能容忍的人就是陈宧。因为陈宧给袁世凯的通电中有“与袁氏断绝私人关系”的话。虽然段自己也反对帝制，但那是为公，而私人恩怨不能掺杂其中，所以段认为陈宧是个忘恩负义的小人。

后来国会恢复，参、众两院开会时，湖北议员质问出席会议的段祺瑞，为什么迄今没有提出惩办帝制祸首？老段回答说：“惩办祸首，首先要办贵同乡成武将军陈宧，不提陈宧，而提他人，何以服天下人之心？”湖北议员追问道：“为何不提陈宧？”段答：“这要请贵议员去问黎大总统，大总统不提出，内阁总理怎么副署？”

陈宧之名列不列帝制祸首的问题，也是引起黎、段府院之争的一个因素。

2 陈树藩宣布陕西独立

1916年5月9日，陕南镇守使陈树藩在三原宣布独立，自称陕西护国军司令。陈树藩本是白朗入陕时，陕西将军陆建章依靠其保卫西安的战将。在其宣布独立前，陕西的民军纷纷起义，陈树藩军队和民军暗中多有来往，因此引起陆建章的疑虑，把他自陕北调到陕南，陈树藩索性就扯开独立的旗帜。陆建章的长子陆承斌任陕西第一旅旅长，率军进攻陈树藩，却被陈军的胡景翼活捉了去，并以其为人质，逼迫陆建章或是宣布陕西独立，或是自动离开陕西。陆建章害怕人们算他在军政执法处的老账，便选择了后者。

5月15日，陈树藩率军和平进入西安。18日，陆建章、陈树藩联合通电，表明了陆不愿背叛袁世凯的态度，以及陈树藩自任都督兼民政长的决定。陆建章离开西安时，将其搜刮来的家产装在几十个大箱子带走。但刚出西安即被陈军的士兵劫走，后来陈树藩帮他追回一部分。

地方军阀利用反袁为借口，趁乱独立，由此开了地方军阀武装夺权的恶例。不久，张作霖也依样画葫芦，夺得奉天将军；许兰州夺得黑龙江军务帮办；张勋得到安徽督军等等。

3 汤芗铭留了一手

5月29日，湖南将军汤芗铭宣布独立。

湖南是南北用兵的一个重要孔道，从湘西可进入川、黔；从湘南可直通粤、桂。袁世凯怕湖南人拥兵造反，所以把湖南军悉数解散，只剩下少数维持治安的守备队。所以在民国初年袁就派他的心腹大将曹锟常驻岳州，负责替他监视南半个中国。

云南起义后，曹锟的第三师进入四川，袁又派第六、第二十师到湘西，准备进攻贵州。并把倪嗣冲的弟弟倪毓棻调到岳州，拟从湘南进攻广西。可是，湖南自从辛亥革命时起，就是一个充满强烈革命气息的地方。湖南人反袁、反汤，不但湘西、湘南的北洋军不能移动寸地，连长沙也时有暴力事件发生。汤芗铭躲在公署里面，不敢露面。他既要防备护国军和民军，又不敢乞援于北洋军——以免落得个“反客为主”的下场。

汤芗铭的老兄汤化龙一直劝他独立，但那时北洋军的四个师驻在湖南，他不敢在虎口拈须，所以迟迟不做答复。

4月中旬，广西护国军向湖南进发，零陵守军首先宣布独立。接着，广西军向衡阳逼近，陆荣廷敦促汤芗铭尽快独立，并保证他的湘督地位。汤化龙也通过国民党军人，向汤芗铭表示绝不清算他过去屠杀党人的血债。汤芗铭在大兵压境的情况下，只好采取一种暧昧的中立态度。

5月4日，汤芗铭对袁的退位问题表态。他主张袁退黎继，自然他并不是出于光明正大的公心，他的考虑是，黎元洪和他是湖北老乡，又是他哥哥汤化龙的好友，黎做总统对他有利而无害。

5月下旬，大势已至为明显，24日湘西镇守使自行宣布独立，民军的活动愈加活跃，这些都迫使汤芗铭不得不于5月29日宣布独立。

袁的左右本不打算让他知道，可是又无法瞒他。袁看到汤芗铭的电报后，周围的侍从劝他不要过于伤心，袁哀叹道："我不为这帝位可惜，我为这天下的人心可惜。"

4 袁世凯心力交瘁

袁世凯平素体格健壮，食量兼人，不喝酒，不吸鸦片，除了耽于女色，没有其他不良嗜好。他妻妾众多，加上女官、丫头、老妈子，整日在女人堆儿里混，五十多岁的人望去竟如七十老翁一般，临死还留下三个遗腹子。他平时以参茸为强壮剂，经常大把大把放在嘴里嚼。到了55岁那年(1914年)，他自觉身体大不如前，曾对儿女们说："我的身体不行了，参茸补品不能接受了。"56岁时，身体更见衰弱，连散步都必须携杖才行。大概他自知大限将临，而且他迷信袁氏祖辈没有活过58岁的，所以急于称帝，好把天下交在儿孙的手里。

1916年2月下旬，袁不得不缓办帝制之后，身体更加衰弱，不思饮食，夜不安寝，精神怠倦，萎靡不振。到了4月下旬天气渐暖，袁世凯还穿着棉袍，即使接见来宾也只能斜靠在沙发上面，连站起来的力气都没有了。向人描述自己的病情道，腰部酸痛，不能起坐，不思饮食。

袁世凯在一片声讨帝制的浪潮中，本已心力交瘁，加之其心腹宠臣一个个叛离，终于在1916年5月27日发病。这场病来势迅猛，北京的四大名医，如萧龙友之辈等都束手无策。萧本不愿意去给袁看病，经不住再三促驾，只得去到总统府，开了副药方就回来了。有人问他袁总统的病情如何，他说："袁在政治上、军事上都是死路,他的命岂有活路?”

但,即使这样,袁仍然强打精神,支撑病躯,在病床前召开会议,亲自处理文电。

5月29日,湖南将军汤芗铭宣布独立,对袁更是致命一击。

护国军起后,袁曾令他的日本顾问板西去前线视察一下战事的实际情况,5月末,板西回来向他汇报时,见他的脸和手脚都已青肿。6月2日,袁世凯已经不能下楼,所有公事文件都由夏寿田送到楼上,请袁批阅。需要盖印的文件,袁仍然不愿假手于人,自己亲自盖印。到了6月4日,袁的双手无力,连印也不能盖了。袁打电报叫徐世昌来京见最后一面。徐于6月5日抵京,当他见到奄奄一息的袁世凯时,毕竟多年的交情还在,不禁悲从中来,滴出几滴伤心泪。但是,谁知道这位被袁克定讥为“活曹操”的徐相国是真伤心,还是假慈悲呢?因为,就在几个月以前,云南护国军起义时,徐世昌喜形于色地对杨士琦说:“快失败了!”杨士琦有些莫明其妙,徐所谓的快失败了,指的是谁?不过杨士琦有一点可以肯定的是:“数月以来,仅见此老破颜一笑。”

1916年6月6日,半夜时分,内阁鉴于袁的病情危重,决定召开临时国务会议。内阁成员于清晨3点钟驱车前往总统府,众人见屈桂庭大夫在袁身旁,徐世昌俯在袁耳边大声问道:“有什么吩咐吗?”袁世凯两手向空中抓了几下,喉间仿佛说了个“黎”字。徐又大声问道:“是黎元洪吧?”随即同段祺瑞齐声答道:“知道了,放心吧!”段祺瑞下楼主持临时国务会议,尚未说话,徐世昌已经下楼来,眼中含泪道:“项城已经咽气了。”

关于袁世凯得的到底是什么病,历来人言人殊。但以今天的观点来看,不外乎是急性前列腺炎,或是膀胱结石症之类的病症。最初的症状是小便困难,后来则完全解不出小便来。如果当时住院进行导尿或者开刀治疗的话,断不会有性命之忧。无奈,袁一生笃信中医,对西医始终不太信服,因此耽误了病情。最后演变成了尿毒症,全身青肿,已是无法救治了。还是袁克定主张请来法国医生贝希叶,贝说,这种病需要住院动手术,可是,神志还清醒的袁却无论如何不肯去医院。贝希叶决定先给他导尿,在他的后背扎了一针,接着用玻璃瓶子从后腰部往外导尿(那时的导尿方法很奇怪),结果导出来的都是血色的尿水。这之后，袁的状况更加恶化。黄昏时，他把徐世昌和段祺瑞请来，把大总统印交给徐，并说：“总统应该是黎元洪的，我就是好了，也准备回彰德啦。”此后，袁的精神便极度萎顿，法国医生给他打了一针强心剂，才使他从昏迷中醒转过来。

袁世凯弥留之际，口中断断续续挤出几个字来：“他害了我。”这使当时守护在其身边的四个托孤顾命大臣——徐世昌、段祺瑞、王士珍和张镇芳都颇费疑猜。“他”到底指的是谁呢？陈宧？不像。袁克定？杨度？好像谁都有些嫌疑，可是谁也不敢肯定。

也有人说，最使他伤心的是唐天喜。

唐天喜幼年在河南的豫剧班子里唱小旦，长得很是讨人喜欢。袁世凯年轻时便收他做贴身仆从，去朝鲜时也把他带在身边。袁在小站练兵时开始提拔他做官，先是武卫右军右翼的一个哨官，只是连级的军官；以后逐渐升任营级，团级。到了民国时一直做到第七混成旅旅长。当蔡锷在云南发难后，曹锟带领第六镇入川与护国军打仗，因护国军得到人民的支持，士气很旺盛，曹锟连吃败仗。这样一来，湖南的形势也紧张起来。袁世凯便任命江西军务帮办马继增为援湘军司令，率第六师入湘。唐天喜跑去见袁，哭诉道，一生受总统大恩，无以为报，在此关键时刻，愿意为总统效犬马之劳。于是袁委任他为副司令，辅佐马继增。湖南的赵恒惕知道唐天喜极为贪财，便花了30万银圆去收买他，唐天喜果然变了心。一天夜里，唐天喜的部队突然向着马继增的部队突袭，打得马继增焦头烂额，溃不成军，只好举枪自杀。袁世凯在病中得知唐天喜叛变的消息，如击以晴天霹雳，大受刺激。赶紧电令李纯收编败溃的第六师，一面通缉唐天喜，抓到后就地枪毙。临死时袁嘴里还不住地叨念着：“唐天喜反了！唐天喜反了！”

袁世凯死前回想往事，不无后悔，曾恨恨地骂袁克定道：“一生威名，断送在你的手里。”但毕竟舐犊情深，告诫他说：“这件事我做错了，你以后不要再上那几个人的当！”袁对当初劝他勿行帝制的张一麐说：“你对得起我，我对不起你。”又感叹严修等一群老朋友：“生平直友都不与我见面，可悲，可伤。”

人之将死其言亦善，鸟之将亡其鸣亦哀。袁世凯弥留之际，能够承认自

图为前门外袁世凯的国葬礼

中南海的金匮石室，内藏袁世凯继任者的名单

己的错误，也不失其从善如流的君子风度。他的认错虽然稍嫌晚了一些，但总比那些至死不悟，总以为自己一贯正确的顽固分子稍胜一筹。

1916 年 6 月 6 日清晨 3 点钟，袁世凯撒手人寰。

关于袁的去世，他的侄儿袁克成还有另一种说法。

6 月 5 日早晨，袁克定决定请西医给其父诊治，便请来法国医生贝希叶。这个贝希叶是袁在朝鲜时代就认识的老朋友，还曾参与过一系列政治秘密呢。贝希叶看过袁的病症后说，无甚大病，只是精神不好，只需打针提提神即可，不过这种针打起来较为疼痛，可以不必告诉其本人。于是由四个人按住袁的身体，贝希叶打了一针，只听得袁大声喊“疼”。接着，贝希叶又打了第二针，疼痛顿失。贝希叶打完针，还向袁表示了歉意，然后离去。中午时候，袁的精神果然转好，食欲也大开，吃了两个馒头，一碗鸭汤。午后，袁似乎有些不对，叫袁克定再去请医生。但是，这个法国医生却再也不见面了，家里、医院里全都没有，最后听说去了天津。下午 4 点，袁疼得不行，自知大限将至，才把徐世昌叫来。如此看来，贝希叶也是个不简单的人物。

据说，袁世凯死前曾呓语道，死后要变成厉鬼，为祟日本。

袁死后，张一麐在他的办公桌抽屉里面，发现他自拟的挽联：

为日本去一大敌；看中国再造共和。

袁世凯生前曾自备棺材，是他在清末闲居洹上时，一次游历项城太昊陵时，见到一棵柏木甚好，就买了下来。虽然不如阴沉木、紫檀木等名贵，但是油泽坚润，古色斑然，也很坚固。袁死后，他的五弟袁世辅押运着棺材从洹上运到北京。袁世凯死在 6 月，天气炎热，很快尸体就腐烂、膨胀起来，以致没有合适的丧服可穿。正好为洪宪皇帝预制的龙袍很宽松肥大，龙袍是紫红色，上有九条金龙，龙眼上各嵌大珍珠一颗，龙头上还镶有许多小珍珠，龙鳞则是珊瑚片做成。于是，袁世凯头戴平天冠，身穿衮龙袍，足登朱履被装入棺材。洪宪帝制的梦想也随之进入坟墓，一起埋葬了。

政府派周自齐、袁乃宽、曹汝霖为治丧委员，实际主事者曹汝霖一人而已。这位留学生出身的外交官以为旧式丧礼——即所谓开吊，既无秩序，又费时间，便想出了一个中西结合的形式。先是喇嘛念经，然后由黎元洪大总统致祭奠，各国公使馆人员呈献花圈，行鞠躬礼，吊唁者一律臂戴黑纱。出殡时，有一人骑马执国旗前导，后面有马队、步队、乐队等。灵榇以六十四大杠肩抬，黎元洪骑马在后面跟随，各国公使及政府文武大员一起送到车站，鸣炮一百又一响，然后登车前往安阳，葬在袁林。

据说袁林原来的面积有 140 多亩，后来渐被周围农田所占，现在只有 30 多亩。1952 年毛泽东曾经参观过袁林，还坐在前面飨堂景仁堂台阶上说，留下来吧，做个反面教材。

袁世凯的死讯传出后，一度引起京津一带的混乱。有些文武官员急于离开北京，马路上载着行李家具的人力车拥塞道路，前门车站出现拥挤不堪的场面，以至一票难求，有二百多人持票却上不了车，车站只好加车。还有人将财产物品运往东交民巷，以防再次出现壬子兵变的局面。大栅栏的丹桂、吉祥戏院正在演戏，忽然间停演，观众如潮水般涌出，秩序大乱。许多商店关门大吉，剩下不关的，则物价飞涨。后来经拱卫军司令、步军统领、警察局长、军政执法处等部门极力劝导，黎元洪宣布就位，市面才恢复了正常。

次日，全国各大报纸登载了袁总统去世的消息。上海的《民国日报》刊出袁世凯遗像，旁边加注曰："恶贯满盈的袁世凯"；沈阳的《盛京日报》在袁的遗像旁写着："呜呼袁世凯氏，殆追随王莽于地下矣。"敢于在报纸上公开谩骂在位总统——可见当时言论的自由开放程度。

二　国人的评价

袁死后，人们打开金匮石室，总统继承人写的是：黎元洪、徐世昌和段祺瑞。据知道内情的人说，黎元洪的名字是后来加上去的，原来那个位置上写的是袁克定。不过，这些都已无法考证了。

袁世凯死后，人们对他的一切恩怨似乎都烟消云散，6 月 7 日，国务院下令全国下半旗志哀，学校停课一天，全国停止娱乐一天，文武官员停止宴会 27 天。政府赠予丧仪 100 万元。6 月 7 日，黎元洪就任大总统后，发表的第一道命令，对袁推崇备至，说他"赞成共和，奠定大局"云云——今天看来也算是一个客观的评价。6 月 23 日，政府举行公祭。美国公使芮恩施记载了袁氏的丧仪：

公府大礼堂（居仁堂），现在变为吊奠场所。……吊奠仪节，实集新旧参杂之奇观。袁总统的灵柩停放在堂内的高台上，他生前曾在此受贺、接见使节。礼堂进门处，横置一列长案，陈设一般冥器，及死者生前使用的物品。诸如军械、服饰之类：有前清御赐的黄马褂、民国总统大礼服、各国赠送的宝星勋章、长统马靴、缎鞋、旱烟杆、香烟嘴、宝刀、手枪等，应有尽有。

公祭仪式上面，引人注目的是筹安会的一些名人送的挽幛。杨度挽袁世凯的联语中仍然为他的君主立宪理想强辩，他写道：

共和误民国，民国亦误共和，千载而还再平是狱；

君宪负明公，明公犹负君宪，九泉之下三复斯言。

可能他在责怪袁世凯所行的君宪和他理想中的君宪不是一码事，或许他也有埋怨袁没有在帝制中始终如一地重用他的意思。

黄兴为袁世凯挽以：

好算得四十余年天下英雄，陡起野心，假筹安两字美名，一意进行居然想做袁公略；

仅做了八旬三日屋里皇帝，伤哉短命，援快活一时谚语，两相比较毕竟差胜郭彦威。

此处郭彦威即五代时后汉高祖郭威，做了三年皇帝。

袁世凯的二儿子袁克文的师友方地山也有挽联：

论瑷楼，风雨之诗，南国亦知公有子；

承便殿，共和明间，北来未以我为臣。

有人追究袁由病到死的原因，也以一联概括：

病起六君子，命送二陈汤。

6月28日出殡，80人扶棺，黎元洪在新华门鞠躬，庙宇撞钟108下，鸣放礼炮108响。芮恩施记录了当时的实况：

> 出殡行列由新华门直达车站，充分表现了中国仪仗执事的考究、壮观。一切仍然保存往日帝王的庄严、威仪。而最堪注目者，莫若其中参杂的一些现代成分。……袁总统庞大的灵柩亭用相当复杂的若干木棍捆绑，由百多名富有经验的杠夫肩舁而行。……出殡行列前面由顶马24匹开道。继以护丧兵三营，士兵们将长枪倒背在右肩。每营士兵之间，夹以军乐一队。步兵之后，由一群中国音乐家口吹笛箫，曲调凄凉。继则为令人目眩的瑰丽堂皇的卤簿，身着甲胄的大队骑士手持各色各式的三角旗或长幡，缀以彩色飘带，迎风招展，至为壮观。……后随执矛骑士一队，紧护灵车，雍容推进……
>
> 路旁鹄立于军警后之观众，除静默致敬之外，殊无戚容。袁氏并未深得民心。他自私自利、深居简出，除横征暴敛之外，与人民毫无接触。我因而感到中国民众，对于领袖的“英雄崇拜”，其热忱不及西方远甚。

丧仪过后，袁的家属将居仁堂的东西席卷一空，由拱卫军押解到彰德老家。可怜居仁堂却像是遭了兵燹一样，残败不堪。

张謇闻知其老友之死，在日记中记曰：“三十年更世之材，三千年未有之会，可以成第一流人，而卒败于群小之手。谓天之训迪吾民乎？抑人之自为而已？”弦外之音，深感惋惜。

袁世凯死后，严修作诗，其中有：“忽忆当年旧宾主，仰天无语立斜熏。”严修一再坚拒袁世凯的礼聘，始终没有出山，但又一直保持着与袁的私人情谊，在帝制猖獗时，耐心劝阻袁不要违背天意民心。在那个时代，也算是一个特立独行的高洁之士了。

严复曾在袁死后作诗曰：

近代论才杰，如公亦大难；六州悲铸错，末路困筹安。

四海犹群盗，弥天戢一棺；人间存信史，好为辨贤奸。

袁世凯的亲戚张镇芳在袁死后，作打油诗讽袁道：

不文不武不君臣，不汉不胡又不新，

不到九泉心不死，不能不算过来人。

这位两榜进士的诗虽然粗俗无文，却也从他的角度道出对这短命洪宪王朝的看法。

有人还作了一首打油诗，嘲讽袁大总统：

笑、笑、笑，笑那水帘洞里老猿妖，平地想把天宫闹，一筋斗翻上云霄。

象坊桥买尽了猪行票，金柜中锁就传家宝。

筹安会递进称尊表，紫禁城颁出了封侯诏。

到头来只落得石碑历历书龙死，草色青青唱董逃。

屈指数八十三天，算睡醒黄粱一觉。

过后，官方在先农坛为袁举行了一个追悼会。袁生前的亲昵、心腹大多星散，余下的又多半避嫌不敢前往。结果追悼会开得冷冷清清，景象至为凄凉萧瑟，令人不禁哀叹：“固一世之雄也，而今安在哉！”

几个月前，各省将军、巡按使受封爵谢恩之折，俱在最后缀以“某某跪奏”的字样。就是有些被解散的国民党议员也忙着上贺表，一个叫易宗夔的议员的贺表中有“向宫赐见，曾蒙特达之知”的肉麻话语。等到袁世凯死后，议员复职，把脸一抹，全都自命是反对帝制者，忘记了当初自己是赞成最力之人。

章太炎曾说过，洪宪帝制的失败，其关键在于三个人反对三个人，即梁启超反对杨度，张一麐反对夏寿田，雷震春反对蔡锷。蒋子奇评论袁世凯用人不当，说过：“用杨度而天下政客走开；用夏寿田而天下幕客走开；用段芝贵而天下军人走开；用梁士诒而天下理财家走开。”虽然这话有些事后诸葛亮的味道，但是远君子、亲小人原是一切独裁者的失败之道。

梁启超和杨度的关系有些复杂，据传梁杨二人同时相中了一个鄂籍妓女花云仙，但杨度新立筹安会，钱囊丰富，花了一万二的大洋把该女子买了去。梁启超虽然本不同意帝制，但与杨度关系破裂，也有这一层原因。梁遂辞去司法总长，给袁留下一封辞职信后飘然南下。

张一麐流露不主张帝制的意思之后，那些帝制拥护者们恨之入骨，甚至在外面散发传单危言恫吓。张遂怀疑是夏寿田所为，二人关系恶化到见面如同路人的地步。张因为厌恶夏，因之对洪宪帝制大起反感，攻击不遗余力。

至于蔡锷首揭护国义旗，自有其理想抱负，但他和雷震春之间也确有一段恩怨。当初蔡锷任云南都督时，袁世凯忽然得到谍报，说是有人劝蔡把云南从中国版图上独立出去。袁批以“应查”二字。本来就是捕风捉影的事，很快也就被人淡忘了。后来，蔡任职统率办事处的时候，偶然看到这个文件，心中不由产生疑虑。原来，这是雷震春在暗中捣鬼，雷也在统率办事处，而且是其中的中坚，他看到袁有意重用蔡，心生忌妒，便故意把这份文件亮给蔡锷，敲山震虎，迫他自动离去。

清末的少年进士，名记者黄远庸评价袁世凯颇为客观，他说：

河南安阳的袁世凯墓

大抵袁总统之为人，并非不可与为善之人。然自受政以来，则善日少而恶日多者，此由其本身之原因者半。由于其左右及政党政客者亦半。今试更详言之。袁总统为人意志镇静，能御变故，其长一也；经验丰富，洞悉情伪，其长二也；见识宏远，有容纳之量，其长三也；强干奋发，勤于治事，其长四也；拔擢才能，常有非常之举，能尽其死力，其长五也。有此五者，而为善日少而恶日多者，由智识之不能与新社会相接，由于公心太少而自扶势力之意太多。综言之，则新智识与道德之不备而已。

可谓确评。

纵观袁世凯一生，细数袁世凯所作所为，可说是有功有过，不能因功而掩过，也不要因过而掩功，历史就是要还事情的真相。

值得一提的是，陈伯达写了本叫作《窃国大盗袁世凯》的书，影响不可谓不大，加上那本《人民公敌蒋介石》，将他推上了马列主义理论家的宝座。谁知临近古稀之年，却成了“马列主义骗子”。白云苍狗，历史真会开玩笑。

三　惩办帝制祸首

1916 年 7 月 14 日，黎元洪以大总统名义发布惩办帝制祸首的命令。祸首名单中只有八名：杨度、孙毓筠、顾鳌、梁士诒、夏寿田、朱启钤、周自齐、薛大可。

本来护国军方面提出的祸首名单有十三名，即筹安会六君子，加上洪宪七凶：朱启钤、段芝贵、周自齐、梁士诒、张镇芳、雷震春、袁乃宽。在北京政府研究祸首名单时，袁克定自彰德来电，替雷震春、张镇芳求情，于是两人从名单中去掉。接着，冯国璋自南京发电，为段芝贵关说，李经羲为爱惜人才起见，替严复、刘师培讲情，名单上面又少了三人。又有人向段祺瑞建议，李燮和与胡瑛原是同盟会的会员。为了联络同国民党的关系，不妨把他们二人也赦免。

再有，袁乃宽是袁世凯的本家，似乎惩办不大相宜，最后名单上只剩下五人。有人又说，梁士诒也不能惩办，否则金融界会出乱子。黎元洪生气地说：“那么，我们干脆不要惩办什么祸首了吧！”看看只剩下孤零零的五个人，未免少了一些，于是又加上顾鳌、夏寿田、薛大可凑数，其实是敷衍了事而已。在惩办命令发表之前，北京政府示意榜上有名的人员赶快离开北京，结果这八个人，一个也没有抓住。

即使是这样，张勋仍然在 6 月 20 日通电政府，反对惩办帝制祸首。

四　北洋军阀的登场

袁世凯死后，黎元洪继任当了民国总统。可是，黎元洪只是一具偶像，在北洋系中根本没有地位；他也无法统御北洋军队。

袁世凯生前手下握有重兵的几位大将是段祺瑞、冯国璋、张勋、张作霖等人。洪宪帝制酝酿时期，几人已经不大听召唤；袁死后就更不听从任何人调遣，纯粹属于骄兵悍将之流。段祺瑞性格孤傲，冯国璋为人猥琐，本来就互不服气。又因为二人长期担任要职，各自有一套独立的人马，后来以地域形成

1916 年 10 月 10 日，黎元洪继任为大总统

了皖系军阀与直系军阀。张勋一直忠于清廷，本有一支不可忽视的兵力，号称“辫子军”；但是在1917年丁巳复辟中被打败，辫子军也就立即冰消瓦解了。张作霖赶走段芝贵之后，成为“东北王”，自成一套军事体系即东北军，与直系、皖系互不相能。再后来，直系中又分出卢永祥的鲁系、阎锡山的晋系等等。

在南方，还有一支孙文领导的国民党力量，时刻想要消灭掌权的北洋军阀。

开始几年，这几股势力还在斗智，希望从法统上压倒对方。但一切努力都未能奏效，在短暂的和平时期之后，全国混战就开始了。先是孙文在广州揭起“护法”的旗帜，接着是“直皖战争”、“第一次直奉战争”、“第二次直奉战争”依次登场，直打得天昏地暗，山河变色。可悲的是，日本人正是利用中国人大打出手的时候，乘虚而入，发动了“九一八事变”、“七七事变”，几乎占领全中国。

附　录

洪宪帝制大事年表

1915年

4月,杨度发表《君宪救国论》。

8月3日,《亚细亚日报》发表美国人古德诺文章《共和与君主论》。

8月23日,"筹安会"成立。

9月16日,参政院递交第二次请愿书。

10月28日,日本联合英、俄两国向外交部提出警告。外交部连续三次口头答复,未令日方满意,遂保证年内暂缓帝制进行。

12月11日,代行立法院举行全国代表大会进行国体投票,一致赞成君宪制,两次上表劝进。

12月12日,袁世凯宣布接受皇帝尊号。

12月13日,袁世凯在居仁堂接受百官朝贺。发布禁止反对帝制的命令。

12月15日,日本又联合五国再次提出警告。

12月19日,大典筹备处挂牌成立。

12月21日,封爵49名。

12月23日,蔡锷以唐继尧将军和任可澄巡按使名义,电告袁世凯劝他撤销帝制。

12月25日,云南宣布独立。

12月31日,宣布明年为洪宪元年。

1916年

1月4日,袁政府派周自齐为特使,往贺大正天皇加冕典礼。

1月5日,命令曹锟带兵往征四川。

1月15日,日本拒绝中国特使周自齐访日。

1月17日,贵州宣布独立。

1月25日,命令大军进剿西南护国军。

2月23日,明令延缓登极。

3月7日,日本政府承认护国军为交战团体。

3月15日,广西宣布独立。

3月22日,宣布撤销帝制,废止洪宪年号。

4月6日,广东宣布独立。

5月1日,岑春煊、梁启超成立两广护国军都司令部。

5月8日,滇、黔、桂、粤四省护国军军务院成立。

5月9日,陕西宣布独立。

5月15日,冯国璋召集未独立各省在南京召开会议。

5月22日,陈宧宣布四川独立,并与袁氏脱离个人关系。

5月27日,袁世凯发病。

5月29日,汤芗铭宣布湖南独立。

6月6日,袁世凯病亡。

主要参考文献

陶菊隐著:《督军团传》,中华书局 1948 年版。

陶菊隐著:《袁世凯演义》,中华书局 1979 年版。

陶菊隐著:《筹安会“六君子”传》,中华书局 1981 年版。

陶菊隐著:《北洋军阀统治时期史话》,生活·读书·新知三联书店 1983 年版。

陈瑞芳、王会娟:《北洋军阀史料·袁世凯卷》,天津古籍出版社 1996 年版。

林开明:《北洋军阀史料·徐世昌卷》,天津古籍出版社 1996 年版。

《盛京时报》(1916 年)。

《大公报》(1914—1916 年)。

《北洋画报》(1927—1936 年)。